国学通识

陈斐 主编

文体论纂要

蒋伯潜 编著
陈斐 整理

華夏出版社
HUAXIA PUBLISHING HOUSE

图书在版编目（CIP）数据

文体论纂要 / 蒋伯潜编著；陈斐整理．-- 北京：华夏出版社有限公司，2024.2

（国学通识 / 陈斐主编）

ISBN 978-7-5222-0589-2

Ⅰ. ①文… Ⅱ. ①蒋… ②陈… Ⅲ. ①文体论－研究－中国－古代 Ⅳ. ① H152

中国国家版本馆 CIP 数据核字（2023）第 211013 号

文体论纂要

编 著 者　蒋伯潜
整 理 者　陈　斐
责任编辑　王　敏
责任印制　周　然

出版发行　华夏出版社有限公司
经　　销　新华书店
印　　装　三河市万龙印装有限公司
版　　次　2024 年 2 月北京第 1 版
　　　　　2024 年 2 月北京第 1 次印刷
开　　本　880×1230　1/32
印　　张　9.375
字　　数　185 千字
定　　价　49.00 元

华夏出版社有限公司　地址：北京市东直门外香河园北里 4 号　邮编：100028
网址：www.hxph.com.cn　电话：（010）64663331（转）

总序

近期，人工智能和自动化技术迅猛发展，ChatGPT（聊天机器人）横空出世，除了能与人对话交流外，甚至能完成回复邮件、撰写论文、进行翻译、编写代码、根据文案生成视频或图片等任务。这对人类社会的震撼，无异于引爆了一颗“精神核弹”：人们在享受和憧憬更加便捷生活的同时，也产生了失业的恐慌和被替代的虚无感，好像人能做的机器都能做，而且做得更好、更高效，那么，人还怎么生存，活着还有什么意义？

这种感觉并非无源之水、无本之木，而是有着深久的教育、社会根源。长期以来，我们的教育过于专业化、物质化、功利化，在知识传授、技能培训上拼命“鸡娃”，社会也以科技进步、经济发展为主要导向，这导致了人们对“人”的认知和实践都是“单向度”的。现在，“单向度”的人极力训练、竞争的技能，机器都能高效完成，他们怎能不恐慌、失落呢？人是要继续“奋斗”，把自己训练得和机器一样，还是要另辟蹊径，探索和高扬“人之所以为人”的独特品质与价值，成了摆在所有人面前的紧迫问题。

答案显然是后者。目前社会上出现的“躺平”心态，积极地看，正蕴含着从“奋斗”“竞争”氛围中夺回自我、让人更像人而不异化为机器的挣扎。“素质/通识教育”“科学发展观”等理念的提出，也是为了纠偏补弊，倡导人除了要习得谋生的知识、技能外，还要培养博雅的眼光、融通的识见，陶冶完美的人格、高尚的情操；衡量社会发展也不能只论GDP（国内生产总值），而要看综合指数。

这么来看，以国学为核心的中华优秀传统文化，就大有用武之地。孔子早就说过，“君子不器”，“为政以德”（《论语·为政》）。庄子也提醒，“有机事者必有机心。机心存于胸中，则纯白不备”，“神生不定”，“道之所不载也”（《庄子·天地》）。慧能亦曾这样开示：“心迷《法华》转，心悟转《法华》。”（《坛经·机缘》）这些经过数千年积累、淘洗的箴言智慧，可以启发我们在一个日益由机器安排的世界中发展“人之所以为人”的独特品质，从而更好地安身立命、经国济世。可见，国学不是过时的、只有少数学者才需要研究的“高文大册”，而是常读常新、人人都应了解的“通识”。

这套“国学通识”系列丛书，即致力于向公众普及国学最基本的思想观念、知识架构、人文精神和美学气韵等，大多由功底深博的名家泰斗撰写，但又论述精到、篇幅短小、表达深入浅出，有些还趣味盎然、才情四射。一些撰写较早的著作，我们约请当代青年领军学者做了整理、导读或注释、解析，以便读者阅读。

我们的宗旨是弘扬并激活国学，让优秀传统文化滋养智能时代中国人的心灵，同时也期望读者带着崭新的生命体验和问题意识熔古铸今，传承且发展国学。在这个过程中，相信人人都能获得更加全面、自由、和谐的发展，社会也会变得更加繁荣、公正、幸福！

陈斐

癸卯端午于京华

《国学汇纂》新版序○

《国学汇纂》十种，是先祖父蒋伯潜和先父蒋祖怡合作撰写的，在1943—1947年由上海正中书局陆续出版。

《国学汇纂编辑例言》的第一条，说明了编撰这套《汇纂》的缘由：

> 我国学术文艺，浩如烟海。博稽泛览，或苦其烦；东捋西扯，复病其杂。本书汇纂大要，别为十种，供专科以上学子及一般程度相当者，阅读参考之资。庶于国学各得其门，名曰《国学汇纂》。

在《例言》中，这十种书的顺序是：《文章学纂要》《文体论纂要》《文字学纂要》《校雠目录学纂要》《诗歌文学纂要》《小说纂要》《史学纂要》《诸子学纂要》《理学纂要》《经学纂要》。出版时也把这十种书按顺序排列，称为《国学汇纂》之一到《国学汇纂》之十。

这十种书中的《文章学纂要》《文体论纂要》《文字学纂要》

《校雠目录学纂要》《诗歌文学纂要》《小说纂要》属于语言文学范畴,《史学纂要》属于史学范畴,《经学纂要》《诸子学纂要》《理学纂要》属于哲学范畴。也就是说，这十种书，涉及了中国传统的文、史、哲的基本方面，是国学的基本知识。

总起来说，这十种书有三方面的内容：

（一）介绍基本知识。这十种书，每一种都是一个单独的学科领域，涉及的范围非常广，有关的知识非常多。为了适合读者的需要，作者对有关知识加以选择、概括、组织，把一些最基本的知识以很清晰的面貌呈现在读者面前，使读者既不苦其烦，也不病其杂。

（二）阐述作者观点。这些学术领域都有不同学术观点的争论，或者有不同的学派。面对这些不同观点，初学者可能感到无所适从。作者对这些问题介绍了不同观点，并阐述了自己的看法。这有助于读者了解这些学科历史发展的过程，也有助于读者从不同的侧面来看待和掌握这些基本知识。

（三）指点学习门径。这十种书都是入门之学。读者入了门以后，如何进一步学习？这十种书常常在介绍基本知识和阐述作者观点的同时，给读者指点进一步学习的门径。如提供一些参考资料，告诉读者进一步学习该从何入手，需注意什么问题等。

这些对于初学者都是十分有用的。所以,《国学汇纂》出版后很受欢迎。著名学者四川大学教授赵振铎曾对我说：你祖父和父亲的那两套书（指《国学汇纂》十册和《国文自学辅导丛书》十二册），我们当时在中学里都是很爱读的。我很感谢赵先生告诉我这个信息。

《国学汇纂》不仅在上个世纪的四十年代末出版后受欢迎，在以后也一直受到欢迎。1990年，北京大学出版社重印了《校雠目录学纂要》。1995年，我在台北看到的《文字学纂要》已经是第二十九次印刷。2014年《小说纂要》收入《民国中国小说史著集成》第九卷，由南开大学出版社出版。首都经济贸易大学出版社的领导和编辑蓝士斌先生很有眼光，看到了《国学汇纂》的价值，在2012年重印了《文字学纂要》，2017年重印了《诸子学纂要》，2018年重印了《文章学纂要》。这些都说明这套书并没有过时。

但《国学汇纂》一直没有完整的再版，这是一件憾事。很感谢主编陈斐先生和华夏出版社有限公司，决定把《国学汇纂》作为《国学通识》的第一辑出版。他们约请相关领域的青年学者对《国学汇纂》的每一种都细加校勘，而且撰写了“导读”。“导读”为读者指出了此书的特色和重点，以及阅读时应注意的问题。这就给这套七十年前出版的《国学汇纂》赋予了新的时代气息。

在此，我对陈斐主编、各位整理并写“导读”的专家和华夏出版社有限公司表示深切的感谢！我相信，广大读者一定会欢迎这套新版的《国学汇纂》。

蒋绍愚

2022年5月于北京大学

《国学汇纂》编辑例言○

一、我国学术文艺，浩如烟海。博稽泛览，或苦其烦；东捃西扯，复病其杂。本书汇纂大要，别为十种，供专科以上学子及一般程度相当者，阅读参考之资，庶于国学各得其门，名曰国学汇纂。

二、文章所以代口舌，达心意，为人人生活所必需，而字句之推敲，章篇之组织，意境之描摹，胥有赖于文法之活用，修辞之技巧；至于骈散之源流，语文之沟通，亦为学文章者所应谙悉。述《文章学纂要》。文体分类，古今论者，聚讼纷纭，而各体之特征、源流、作法，更与习作有关，爰折中群言，阐明体类，附论风格，力求具体。述《文体论纂要》。

三、研读古籍之基本工夫，在文字、目录、校雠之学。我国研究文字学者，声韵形义，歧为两途；金石篆隶，各成系统；晚近龟甲之文，简字拼音之说，益形繁杂；理而董之，殊为今日当务之急。而古籍文字讹夺，简编错乱，书本真伪，学术部居，校勘整理，尤当知其大要。述《文字学纂要》及《校雠目录学纂要》。

四、我国古来文艺以诗歌、小说为二大主流，戏剧则曲词煦育于诗歌，剧情脱胎于小说。而诗歌之演变，咸与音乐有关，其间盛衰递嬗，可得而言。至于小说，昔人多不屑置论，晚近国外文学输入，始大昌明。而话剧亦骎骎夺旧剧之席。述《诗歌文学纂要》及《小说纂要》。

五、我国史书，发达最早，庞杂最甚，而史学成立，则远在中世以后，且文史界限，迄未厘然；至于诸史体制，史学源流，亦罕有理董群书，抽绎成编者。是宜以新史学之理论，重新估定我国之旧史学。述《史学纂要》。

六、我国学术思想，以先秦诸子为最发展，论者比之希腊，有过之无不及也。秦汉以后，儒术定于一尊，虽老庄玄言复昌于魏晋，而自六朝以至五代，思想学术，俱无足称。宋明理学大盛，庶可追迹先秦，放一异彩。述《诸子学纂要》及《理学纂要》。

七、六经为我国学术总会。西汉诸儒承秦火之后，兴灭继绝，守先待后，功不可没。洎其末世，今古始分。东汉之初，争论颇剧。及今古混一，而经学遂衰。下逮清初，始得复兴。乾嘉之学，几轶两汉。清末今文崛起，于我国学术思想之剧变，关系亦颇切焉。述《经学纂要》。

八、军兴以来，倏已四载，典籍横舍，多被摧残，得书不易，读书亦不易。所幸海内尚存干净土，莘莘学子，未缀弦歌。编者局处海隅，自惭孤陋，纵欲贡其一得之愚，罣误纰谬，自知难免，至希贤达，予以匡正！

目录

导读

蒋伯潜（1892—1956）是民国时期重要的国文名师和国学大家。今天，人们比较熟悉的是其《十三经概论》《诸子通考》《中学国文教学法》等经学、子学、语文教学法等方面的论著，相对忽视了他的其他著作。其实，作为在中学和大学从事三四十年国文教学与研究的老师宿儒，蒋伯潜在文章学、文体学等古代文学研究方面也有精深的造诣。他曾撰有《文体论纂要》一书，颇为精要，特别是其研治理念和方法，对于今天的文章学、文体学乃至古代文论、文学研究如何落实“三大体系”建设依然有着重要而切实的启示意义。

《文体论纂要》1942年6月由正中书局初版，为《国学汇纂丛书》十种之二。这套丛书旨在为专科以上学子及程度相当者指示了解国学的门径，使他们不至于面对本国浩如烟海的学术文艺而生烦、难之感。丛书首列《文章学纂要》和《文体论纂要》，将其归为一个单元，《编辑例言》阐述撰著宗旨道：“文章所以代口舌、达心意，为人人生活所必需。而字句之推敲、章篇之组织、意境之描摹，胥有赖于文法之活用、修辞之技巧；至于骈散之源流、语文之沟通，亦为学文章者所应谙悉。述《文章学纂要》。文体分类，古今论者聚讼纷纭，而各体之特征、源流、作法，更与习作有关，爰折中群言、阐明体类，附论风格，力求具体。述《文体论纂要》。”[①]在蒋伯潜看来，文章学和文体论关系写作表达技能的培养，是国人生活所必需、必知的，故被列为专科以上学子步入国学殿堂深造的首要科目。

此前的1940年，避居上海的蒋伯潜、蒋祖怡父子有感于中学生国文程度的低落，应世界书局约请，合作编写过一套适合中学程度的青年自学的有系统的《国文自学辅导丛书》九种。这套丛书可视为《国学汇纂丛书》的前身和中学版，前三种用小说体裁讲解构词、造句、章法、句法、文体、风格等国文常识，饶有趣味，其三即《体裁与风格》。该书1941年1月初版，由蒋氏父子合作署名，然实为蒋伯潜编著，其子蒋祖怡做了些搜集材料、润色文字的工作。此后，世界书局还出版了陆高谊主编、蒋祖怡编著的《作文自学辅导丛书》六种，其中亦有《文体综合的研究》，该书引用了《体裁与风格》下册[②]。上述三种与文体相关的著作中,《文体论纂要》出版时间靠后，内容最为丰厚、成熟，是蒋伯

---

① 《国学汇纂编辑例言》，蒋祖怡:《文章学纂要》卷首，正中书局1946年版。

② 蒋祖怡:《文体综合的研究》，世界书局民国间版，第51页。

潜研究中国古代文体学的代表作，也是民国时期问世的十余部文体学专书中最为翔实、篇幅最大的，故颇值得关注。

一、“说明”而非“轨范”的系统论

在《文体论纂要》之《绪论》中，蒋伯潜首先评述了以前诸派的文体论。他借鉴施畸等人的做法[①]，将我国齐、梁以迄近世的文体论目为“旧派”，总结为如下三派：“（一）骈文派，发生于梁，以萧统底《昭明文选》为不祧之祖；（二）骈散兼宗派，与骈文派同时发生，以刘勰底《文心雕龙》为开山，近人章炳麟底《文学总略》为后劲；（三）散文派，发生于北宋，姚铉底《唐文粹》开其先河，但终以清姚鼐底《古文辞类纂》及曾国藩底《经史百家杂钞》二书为正宗。”而将清末从国外输入的文体论，如龙伯纯《文字发凡》、施畸《中国文体论》等，目为“新派”（《绪论》）。以后的第一至第五章，便按发生的时代先后，依次评析诸派文体论的得失。第六章更进一步做文体分类的新尝试，提出自己的主张。这些关于文体分类的整体述论与尝试，简明扼要，背后蕴含的学理尤其深刻、透辟，至今仍有重要的借鉴意义。

---

① 参见施畸《中国文体论》（北平立达书局1933年版）第二章《旧文体汇类说之略评》。

蒋伯潜精辟地指出："新、旧二派所分之类之所以不同，全由其所采分类底标准之异。旧派以文章底程式与用途为其分类之标准，新派则以文章底作法与心象为其分类底标准。"（《结论》）比如，骈文派的圭臬《文选》，将一些形式相像但性能或用途不同的文体，如"颂"与"赞"、"箴"与"铭"，也各自并列（第一章）。新派则多采用直接取自西洋或间接取自日本的文体理论，如高语罕《国文作法》按作法将文章分为叙述文、描写文、解说文、论辩文四类（第四章）。有人还尝试用舶来的文体理论框范中国固有的文体，做一些中西沟通的工作，如施畸《中国文体论》受西方文学理论影响，根据文章表现的心理现象之不同将其分为"理智文"与"情念文"二组，理智文又分"论理文"与"记事文"二门①，门下再分种、类，以之统辖旧有文体，如"情念文"分为"舞歌文""徒歌文""咏歌文""诵歌文"四种，"咏歌文"又分为"哀祭文""赞颂文""箴铭文"三类（第五章）。施畸的这种做法实滥觞了此后百余年中国古代文学（包括文体学）研究的主流。今天的中国文学史或文论史研究，仍然在小说、诗歌、戏剧、散文的

---

① 施畸此种分法乃受西学观念影响。英国戴昆西将文学分为"知的文学"（literature of knowledge）与"力的文学"（literature of power）。明治三十九年（1906），太田善南在博文馆出版的《文学概论》中将后者译为"情的文学"，分别将"情""知"与"纯""杂"文学对应，认为前者"乃诗之别名"，"要点在其为情的"，"以感动为目的"，可分为"歌的形式（吟式诗）与读的形式（读式诗）"；后者"其要在其为知的"，"以教导为目的"，"可分为叙述文与评论文两类"。参见张健《纯文学、杂文学观念与中国文学批评史》，《复旦学报》2018年第2期。

西方文体论框架下，归置旧有文体。值得反思的是，这种基于西方或新派立场的“规训”，是否合理？

对此，八十多年前的蒋伯潜即有中肯的裁断。他在谈到施畸分类的缺憾时说：

> 施氏底根据是心理学的心象分析。但是我国底文体则系数千年来演变孳乳而成。其演变，其孳乳，并非单纯地依据作者底心象，用心理学的方法分析的，而是应某时期、某部分人对于某事、某物底需要的。文体论和文法、修辞学、文字学……一样，是说明的科学，非轨范的科学；它们底原理、原则、分类……是从许多个别的例子中归纳出来的，并非定了这些原理、原则、数（类）目，去演绎使用的。所以我们研究文体底类别须从繁复杂乱的已有的作品中，去爬梳搜集，整理归纳出一种足资说明的系统来；决不能根据了现代的某种科学原理，定出一种可为轨范的原则或类目来，去强古人以从我。这是事实如此，并不是在理论方面争长絜短的。施氏底文体分类，便有长于理论、不顾事实的缺点。所以在理论方面，似乎有秩序井然的系统；事实方面，却未能尽合。（第五章）

这段话，对于习惯了戴着西方现代文论的“有色眼镜”审视中国古代文学问题的我们来说，无异于醍醐灌顶、当头棒喝！特别是，蒋伯潜指出，文体论“是说明的科学，非轨范的科学”。今天我们研究古代文体，绝不能“演绎使用”西方现代的某种理论或“原理、原则、类目”，“强古人以从我”，不顾历史的事实，更不能用某种现在才有的标准肆意臧否，而应重视中国古代文体发生、演变及文体论生成、言说的语境、特点，细心体察其“所以然”的原因、学理。比如，骈散兼宗派的开山《文心雕龙》“把经、纬、骚三类特别提出”，不与其后“所列诸体平等齐观”。蒋伯潜仔细分析了刘勰如此做的历史和时代根源，认为“原亦未可厚非”。今人“如以《诗》为诗歌,《书》与《春秋》为史,《礼》记礼仪、官制，等于纪传诸史之书、志,《易》谈哲理，有类诸子，当解散经部，分隶子、史、集三部；纬书涉及图谶，非神话之记录，即夸诞之文辞，更不足信;《离骚》本为《楚辞》之一篇，当与汉赋同科，其性质更与经、纬不同；便尔讥评刘氏，斥其不伦，则未免昧于时代古今之别”(第二章)!

同时，蒋伯潜也强调，今日研究文体的类别，应从古代“繁复杂乱的已有的作品中，去爬梳搜集，整理归纳出一种足资说明的系统来”。治学重“系统”，既是对尚“宗主”、贵“辨章学术，考镜源流”之传统的发扬，也是对现代学术精神的感会。在阐发完《文心雕龙》文体论的纲要“原始以要终，释名以章义，选文以定篇，敷理以举统”后，蒋伯潜感慨地说:“无论什么学术，分类时，都当注意所分析的对象底源流变迁；所拟定的名称是否能符其实；以归纳法找出它们底共相、异相，然后决定分类的名称；而且这种分类底原理、原则，应当是普遍的，没有什么例外的，是有系统的，不至于支离凌乱的。所以刘氏底分类法，颇近于现代底科学方法。”（第二章）显然，蒋伯潜对现代学术注重实证性、系统性的科学方法颇为服膺，这使其研究具备了时代高度。

总括来说，从中国古代学术发展的历史实践中“整理归纳出一种足资说明的系统来”，是蒋伯潜撰著本书的宗旨，也是其著述一以贯之的理念。他谦虚地称自己“这本《文体论纂要》，是述，不是作”，除了书中所论“大致都有所本”外（《结论》），应该与此种治学理念也有关系。

蒋伯潜正是秉持着这样的理念，比较、评判前人文体分类的优劣、得失，并对文体尝试重新分类的。他对前人文体论的评判，首先“按之实际”[①]，看其是否吻合古今文体发生、演变的实际及其全貌。这可视为蒋伯潜对乾嘉朴学及现代学术实证精神的发扬。比如，在比较散文派的正宗姚鼐《古文辞类纂》及曾国藩《经史百家杂钞》文体分类的优劣时，蒋伯潜指出，姚氏有“赠序”类，曾氏删之，仅于“序跋”类选录赠序四篇。曾氏认为，赠序本为

① 此语在蒋著中共出现了九次。

赠别之诗作序，无诗而序，乃“骈拇枝指”(《书归震川文集后》)；至于寿序、贺序等，更是“天地间不当有”(《答吴南屏书》)。对此，蒋伯潜评议道:“按之实际，赠序是序跋之变体，无诗而徒有序的文是赠序之变体，寿序则更是变体之变体。姚氏极其变，曾氏原其始，也各有相当的理由。”(第三章)姚氏对“赠序”的解说:“唐初赠人，始以序名；至于昌黎，始得古人之意”，并不确当。唐代之前，已有潘尼《赠二李郎诗序》等作[①]。而韩愈集中，虽有为赠别之诗所作之序，而无诗之赠序已居多数，与其说他“始得古人之意”，不如说他“始变古人之体”(第三章)。曾氏为“序跋”类所下的定义:“他人之著作，序述其意者”，则没有考虑到“自序”(第三章)。再如“颂赞”“箴铭”，姚氏分为二类，曾氏则并入“著作之有韵者”之“词赋”类。其实三者之性质、用途、作法迥不相同，且如姚氏所言，辞赋亦有无韵者，故曾氏之分类和定义不及姚氏(第三章)。指摘骈散兼宗派后劲章太炎《文学总略》的缺陷时，蒋伯潜也说:“文章叶韵与否，在古代并没有严格的分界，故无韵的散文中，时有韵语，有韵的诗赋中，时有无韵之作。”章氏于“有句读文”一纲下，分“有韵文”与“无韵文”二部，实属不妥。受此拘束，他不得不将“赋颂”“箴铭”分隶二部，不免捉襟见肘(第二章)。另如，蒋伯潜指出，新派代表

① 杜文婕《赠序文体的起源》(《河北大学学报》2014年第6期)指出:“我国文学史上，第一篇赠序，应该是曹植的《离友诗序》。”

刘永济《文学论》以内容之属于理智还是情感为标准，将文章分为“学识之文”“感化之文”二类；又以“描写”“表演”“反射”三种方法为标准，各分三项，组织比较完密。但刘氏仅于第二类第一项中列“词”“曲”，便不妥当，因为这两体“用以反射作者底情感的，反较描写客观人物的多”（第四章）。

其次，用传统流略之学及现代学术注重系统性的标准裁量，看其是否“一律以所定的标准为中心”，是否有“参差错杂”的情形（《结论》）。“以子之矛攻子之盾”，指出前人文体分类自相抵触或未能一贯之处，是蒋伯潜常用的批评策略。比如，他批评刘勰的文体论“流变未明，名实未核，归纳不能举其全，系统不免失之乱，实际上仍未能达到他自己底理想的目的”（第二章）。在评析骈文派的代表《文选》“分体碎杂，其立名多可笑”的局限时，他指出，“史论”与“论”、“吊文”与“祭文”，即使从此书分体的标准——文章的“性能”、文学的“流变”审视，也找不出分列的理由来。而东方朔《非有先生论》和贾谊《过秦论》性质迥异，该书却同编在“论”体。《文选》的有些分类，仅依照“题目的字面”，亦有违按“性能”分类的原则，如“难”本是假设问难，和“设论”相同，但因题目上所标的字面不同，也别立一类；再如将本是“赋”的枚乘《七发》及其仿作傅毅《七激》、崔瑗《七苏》等编在一起，另立“七”体。蒋伯潜接过章学诚的话头[①]，质疑道：如果“七”体能够成立，是不是还当立一“九”体呢？因为《楚辞》已有《九歌》《九章》《九辩》三篇，后来文人的摹仿之作，还有汉刘向《九叹》、晋陆云《九愍》等（第一章）。

蒋伯潜所指出的前人文体分类在系统性上存在的问题，有人引入现代科学分类学的原则，看得更为清楚。比如，郭英德指出：“在中国古代总集编纂的实践中，违背排他性、同一性、穷尽性等分类学基本原则的现象不仅比比皆是，而且成为文体分类的惯例。”[②]对其产生的原因，蒋伯潜做过探讨。他根据萧统“死时才三十一岁”推断，《文选》成于门客之手，其“分类碎杂、立名不当，怕正因为是众手所纂成的缘故”（第一章）。郭英德则认为与中国古代传统思维方式密切相关，古代中国人“总是从对象与主体统合为一的角度（所谓‘天人合一’）去观照对象”[③]。这些都有道理。不过，笔者还想补充的是，这与古代文体分类的实用性关

① 章学诚《文史通义·诗教下》：“《七林》之文，皆设问也。今以枚生发问有七，而遂标为七，则《九歌》《九章》《九辨》，亦可标为九乎？”（章学诚著，叶瑛校注：《文史通义校注》，中华书局 1985 年版，第 81 页）

② 郭英德：《论中国古代文体分类的体式与原则——以〈文选〉类总集的文体二级分类为中心》，《中国古代文体学论稿》，北京大学出版社 2005 年版，第 212 页。

③ 郭英德：《论中国古代文体分类的体式与原则——以〈文选〉类总集的文体二级分类为中心》，《中国古代文体学论稿》，北京大学出版社 2005 年版，第 212 页。民国时期，叶绍钧批评历代古文选本分类纷杂，认为若要符合“包举”“对等”“正确”的分类三原则，唯有“分文字为叙述、议论、抒情三类”（叶绍钧：《作文论》，商务印书馆 1924 年版，第 27—28 页）。叶氏所谓分类三原则，应来自梁启超《中学以上作文教学法》（《改造》第 4 卷第 9 期，1922 年 5 月）对记载文记述“类概法”的解说。

系更大。蒋伯潜已指出，文体的演变、孳乳“是应某时期、某部分人对于某事、某物底需要的”，古代的文体分类主要以程式与用途为标准。而总集的类编，更是为了彰明规程，指导写作。带着这样有一定弹性、见仁见智的实用目的，不同人的不同书甚至同一人的同一书在不同批次或层次分类时着眼点、考量难免不同，因之出现违背现代科学分类学基本原则或标准未能一贯、彼此抵触的现象，是很自然的。

这样来看，蒋伯潜带着系统性眼光对前人文体论的评断，有些便值得商榷。比如，他批评《文心雕龙·论说》既云“庄周《齐物》以论为名，不韦《春秋》六论昭列”，便不当再立“诸子”一类（第二章）。其实，我们也可用他为刘勰“把经、纬、骚三类特别提出”辩护的逻辑说：“诸子”早已在中国学术及书籍分类中成为重要的一类，《汉书·艺文志》有“诸子略”，西晋荀勖《晋中经簿》、东晋李充《晋元帝书目》皆将子书列为四部中的一部，则“诸子”自与一般的“论说”文不同，刘勰另立，原无可非。至于刘勰在谈到“论说”时提到“诸子”，和他提到“经”“史”一样，不过是在“原始以要终”，梳理该体之源流，如此“互见”，亦未可非。

那么，是否意味着今天对前人文体论的研究，应该不做裁断，不讲系统性呢？显然不是。前人的文体论，是其对历史及当代存在的文体现象的归纳、总结，可以而且应该区分出高下优劣，判定标准显然应该是蒋伯潜所采用的是否吻合古今文体发生、演变的实际及其全貌，是否具有系统性。只不过应该充分联系前人文体论发生的语境及实用性，设身处地地体察其“所以然”的苦心孤诣，然后再作评断。因此，蒋伯潜的可商之处，和刘勰一样，不在其学理，而在其对学理贯彻、落实得不够周全。他本人对文体分类的重新尝试，也依此标准进行，期望从古今纷纭繁杂的文体实践中“整理归纳出一种足资说明的系统来”。

蒋伯潜认为，古今文体之演化、孳乳，都是应当时的需要的；而文体分类，是“说明”，不是“轨范”，“须就历代已有的作品，比较同异，归纳综合，以明其体制之异”。基于这些认识，他对文体的重新分类，仍采旧派的主张，以程式、用途为标准，但是又采纳了一些新派的观念，于范围、类目有所调整，构建了一个颇为完密的文体系统。

文体分类，首先要确定范围。旧派基于崇雅斥俗的观念，一般不考虑俗文学。曾国藩《经史百家杂钞》选文广涉经、史、子、集四部，是旧派中视野较阔的了，但仍“不选唐人传奇小说，元、明、清人章回小说……并骈文、诗歌、词曲、语录，明前、后‘七子’及小品文……亦概遭屏弃，则欲藉曾书以明了历代文章底流变与体类，亦尚嫌其范围犹狭，体例不全”（第三章）。蒋伯潜受当时新文学观念影响，将俗文学、白话文学以及新生的文体也纳入视野之内，大大拓展了分类范围。

确定范围后，蒋伯潜在和章太炎的商榷中开始了一级分类。章太炎《文学总略》说："凡有文字著于竹帛，皆谓之文；论其法式，谓之文学。"蒋伯潜指出，章氏前一句所说的，是"文字"，非"文章"；后一句所说的是"文章学"，是文法和修辞，不是"文学"。他认为，无句读、无组织的文字，不能算作文章。文章必须组成章句，方足以表情达意、叙事传人、论理说事。这是"广义"的文章。"狭义"的文章"指不成文学作品的文章"，"是表示意思的一种工具"，当与文学平列为二大部（第六章）。这种分法，亦是受近代舶来的纯文学观念之影响。蒋伯潜明确说："有把文章分做实用文、美术文或杂文学、纯文学两大类的。实用文或杂文学，便是我所谓狭义的文章；美术文或纯文学便是我所谓文学。"不过，蒋伯潜没有采取这四个名称，因为他觉得它们"似乎说文学是没有'用'的，狭义的文章是不必'美'的；而'杂'和'纯'，尤似有所轩轾于其间"（第六章）。这是对纯文学观念逐渐普及后，人们有可能误判古代"狭义"的文章之特点及价值的警醒[①]。八十多年后读此，真是感慨万千！蒋伯潜的担心竟不幸变成了事实。长期以来，我们在纯文学观念的影响下，将"狭义"

---

① 民国时期，亦有一些学者如施畸、叶圣陶等批评将文章分为实用文与美术文的二分法，认为很难划清（周兴陆:《文士精神与文论传统》第十六章《现代国文教育中的文学理论问题》第二节《美文与实用文》，浙江工商大学出版社2022年版，第280页）。不同于反对或赞同，蒋伯潜对二分法采取既主张又警惕的折中态度。

的文章排除在了文学史研究的范围之外，似乎它们与“美”无关。直到近些年，在西方“艺术生活化”思潮影响下，才有学者为其声冤，提醒人们不能“因这些文类中的某些作品另具实用的目的”，就认定“它们在写作时未具美感的知觉，而未有艺术在形式安排上的匠心与内容呈现上足以令人感动的意境”，呼吁人们“必须重新检讨界定艺术、界定文学的基本假设，以及将美感与实用、艺术与生活加以区隔的专业化倾向”[①]。由此审视，蒋伯潜将“狭义”的文章与文学并列的二分法，无疑是在兼容新旧、沟通中西，呈现了中国古往今来衍生的文体的完整图景，对于今天的文体学、文学史研究与书写仍有重要的借鉴价值[②]。

蒋伯潜对“狭义”文章的二级和三级分类，主要参酌曾国藩《经史百家杂钞》和姚鼐《古文辞类纂》，按照系统性的要求做了些增删分合。他先分为关于学识义理的著述、关于世事酬应的告语、关于人事文化的记载三门，其下又各分若干类，间有附庸。著述门凡六类：论说、颂赞、箴铭、序跋、注疏、考订（附

① 柯庆明:《拨云寻径：古典中国实用文类美学》，生活书店出版有限公司2021年版，第489—490页。

② 蒋氏之前，高步瀛、黎锦熙、施畸等人虽然已尝试“把纯文学和杂文学的各种文体统摄起来加以分类”（周兴陆:《文士精神与文论传统》第十六章《现代国文教育中的文学理论问题》第二节《美文与实用文》，浙江工商大学出版社2022年版，第284—286页），但他们或反对二分法（多在延续传统文章观念的基础上做些增删、调整），或采用其他分类法，并没有突出纯、杂文学的区别及各自的聚合，对俗文学、白话文学以及新生文体的包纳也不及蒋氏全面。

札记）；告语门亦六类：赠序、书牍（附广告、柬启）、契约、公文、哀祭、对联；记载门共四类：传状、碑志、叙记（附日记、表谱）、典志（附法规、仪注）。至于文学，蒋伯潜则按当时的通行做法分为四类：籀写的——辞赋（附寓言）、咏歌的——诗歌、记述的——小说、表演的——戏剧（第六章）。

整体来说，蒋伯潜对文体分类的新尝试，基本实现了整理归纳出一种足资说明古今文体流变图景的系统来的预定目标。

二、溯源穷流、以正名实的分体论

对古今文体做完新的分类后，蒋伯潜于第七至第十八章，逐一阐说所分各类文体，“略述其特征、源流、作法等”。其所论“大致都有所本，间下己见”（《结论》），即在评述刘勰、姚鼐、曾国藩等前人相关言说是非的基础上提出自己的看法。就理路而言，蒋伯潜对刘勰“原始以要终，释名以章义，选文以定篇，敷理以举统”颇为服膺，认为“颇近于现代底科学方法”。他对各类文体的分论，亦受此影响较大，一般是先确定该体之所以成为其自身的特征，然后执此特征溯源穷流、以正名实，在此过程中，则会选择有代表性的作家作品加以说明。

值得注意的是，蒋伯潜对某类文体特征的概括，并非从单一视角着眼，而是综合考虑该体成熟期的内容、形式、体制、作法、用途等，抽绎出“约定成俗”、区别于他体的特性[①]。这种更为多元的研究视野，看似有违现代科学分类学的“同一性”原则，但与蒋氏文体论“是说明的科学，非轨范的科学”之研治理路一致，也更吻合中国古代文体发生、演变的实际。比如，“辞赋”一类，曾国藩《经史百家杂钞》界定为“著作之有韵者”，把“诗”“赋”等文学及“颂赞”“箴铭”等文章并列。蒋伯潜指出，曾氏之界义，“未免太偏重形式，而且只着眼于形式的一点”。因为“叶韵”并不是辞赋类的区别性特征，有韵之文，不止辞赋，而古代论说散文如《尚书·洪范》《周易·文言》中，也往往夹入韵语，何况辞赋也有不叶韵的，如宋玉《登徒子好色赋》及《对楚襄王问遗行》等。他综合姚鼐《古文辞类纂》和章学诚《校雠通义》的界说，从作法着眼，将辞赋特征界定为“设辞托讽”与“廓张声势”（第十五章）。再如“碑志”一类，曾国藩因内容上“记人”一点之相同，合传状、墓志为“传志”，而“把记事之‘碑’分出，又以所记之事之大小为标准，把记大事的归入‘叙记类’，记小事的归入‘杂记类’，前者如韩愈底《平淮西碑》，后者如韩愈底《处州孔子庙碑》等。同为碑文，分隶两类，而所谓‘杂记’，其立名又不很妥”。鉴于此，蒋伯潜遵从姚鼐的分类，合“记实事、颂功

① 钱锺书亦认为：“夫物之本质，当于此物发育具足，性德备完时求之。苟赋形未就，秉性不知，本质无由而见。”（钱锺书：《钱锺书集·谈艺录》，生活·读书·新知三联书店2007年版，第101页）

德”的碑文和“记个人生平事实”的墓志为“碑志”，而将用途之“刻石”视为其特征（第十三章）。这不仅有执一驭繁之功，而且更加契合古人的文体观念。

对要阐说的某类文体之特征胸中有数后，蒋伯潜便首先开始了溯源工作。对于一些成熟较晚、特征比较复杂的文体，蒋伯潜也能全面审视，勾勒其多源合流、波澜递衍之生成经过。比如，他将“设辞托讽”与“廓张声势”视为辞赋之二要件，由此将辞赋之源头追溯到《诗》。这虽是古来论文体者的公论，但人们大多注目于辞赋与“六义”之一的“赋”的关联，蒋伯潜则指出，“六义”之“赋”，是直陈其事，也用一种铺张的写法，此即辞赋之“廓张声势”；而“比”是借物为喻,“兴”为托物起兴，此即辞赋之“设辞托讽”。对于通常人们语焉不详的从《诗》到辞赋的演进历程，蒋伯潜也接过章学诚《校雠通义》“古之赋家者流，原本《诗》《骚》，出入战国诸子”的话头，做了颇富洞见特识的阐发。他认为，诸子中的纵横游说之士，与辞赋关系尤其密切。辩士游说、外交辞令，往往用“设辞托讽”“假设谐隐”和“恢廓声势”的方法。他们所谓“简练揣摩”,“揣摩”是揣摩时君之意，“简练”即指平时在学《诗》方面用力。春秋时期，国君大夫朝聘会盟，都须赋《诗》见志，而“六义”中的“赋”“比”“兴”，都是简练言辞的基本功夫。降及战国，诸国纷争之局，愈觉紧张，苏、张之流的捭阖纵横，也愈见活跃。那时赋《诗》之礼虽不复行，“而从《诗》三百篇所简练而得的铺张谐隐之言辞”，则已为纵横家“娴熟而习用”。《史记》称屈原“娴于辞令”，“出则接遇宾客，应对诸侯”。他本是当时楚国一位亲齐派的外交家，但因谗被疏，“且遭放逐，亲齐的主张终为亲秦派所抑，而怀王入秦，终至客死，于是托诸辞赋，以抒其忠君忧国、伤时嫉奸之愤，而以平日学《诗》简练所得的铺张托讽之作法出之，于是外交之名流，乃一变而为辞赋之专家”。及秦汉一统，纵横游说已无所施，布衣之士只能借上书以达其意见，“于是简练口语之力，一转而用于雕琢文辞；此赋之所以特盛于西汉，而陆贾、邹阳、主父偃等《汉志》列于纵横之士，所以并擅辞赋”[①]。经过这样环环相扣的论证，蒋伯潜得出一个高屋建瓴的大判断：“文学史上，由周室东迁前后的‘诗’，递变为兴于楚、盛于两汉的‘赋’，实以纵横家为其转捩的关键。”（第十五章）纵横家喜用的谐隐和诸子普遍使用的寓言，和辞赋“设辞托讽”“恢廓声势”的作法，正复相同。蒋伯潜对辞赋生成史的建构，颇有说服力。今天，影响颇大的袁行霈和章培恒、骆玉明分别主编的《中国文学史》，都对《战国策》与汉

---

① 章太炎《国故论衡·辨诗》：“纵横者，赋之本。古者赋诗三百，足以专对，七国之际，行人胥附，折冲于尊俎间，其说恢张谲宇，抽绎无穷，解散赋体，易人心志。鱼豢称：‘鲁连、邹阳之徒，援譬引类，以解缔结，诚文辩之隽也。’武帝以后，宗室削弱，藩臣无邦交之礼，纵横既黜，然后退为赋家。”（章太炎撰，陈平原导读：《国故论衡》，上海古籍出版社 2019 年版，第 110 页）章氏此说应对蒋伯潜也有启发。

赋的源流关系有所论述[①]。

溯源之外，蒋伯潜还会穷流，尽可能全面地考察某类文体之流变。有时，他引入传统文体论的“正”“变”观念，但扬弃了其褒贬色彩。他将典型体现了某类文体之特征者称为“正体”，而将名称、对象、功用等方面有所变化但仍不失此体之特征者称为“变体”。蒋伯潜说：“从前人论文，往往于正体、变体妄分轩轾，如《诗经》中之‘正风’‘变风’‘正雅’‘变雅’。其实，文体之变，多由于社会情形之变迁，人生需要底不同，本无所用其轩轾。”（第十章）这融合了“通变”观与“正变”观，无疑更为通达[②]。比如，蒋伯潜将《荆轲赞》《东方朔画像赞》等颂赞人物者，视为赞之正体，而把由人而移之物者，如郭璞《尔雅》注中的草木禽虫赞，看作赞之变体；认为哀赞为诔之变体，史赞、传赞为序跋之变体，不当与颂赞之赞合为一体（第八章）。再如，他认为，“铭之用，本题于器；铭之义，本主规勉”，当以大禹笋簴之

---

① 袁行霈主编《中国文学史》：“《战国策》的文章，对汉赋的产生也起过促进作用。汉赋主客问答的形式，铺张扬厉的风格，都可以看出对《战国策》的借鉴。”（袁行霈主编，聂石樵、李炳海本卷主编：《中国文学史》第1卷，高等教育出版社2003年版，第111页）章培恒、骆玉明主编《中国文学史》：“秦汉的政论文、汉代的辞赋，都受到《战国策》辞采华丽、铺排夸张的风格的影响。”（章培恒、骆玉明主编：《中国文学史》上册，复旦大学出版社1998年版，第11页）

② 刘咸炘《文学述林・文变论》亦以为：“凡一文体之初兴，必絜净谨约以自成其体，而不与他体相混，其后则内容日充，凡他体之可载者悉载之；异调日众，凡他体之所有者悉有之，于是乃极能事而成大观……盖始严终宽，固事物之常也。”参见何诗海《刘咸炘的文体观及其学术史意义》，《中山大学学报》2010年第4期。蒋、刘二人着眼点不同，然结论一致，可谓“英雄所见略同”。

铭、成汤盘铭等为正体。“后来作者日多，凡山川宫室之类，也皆有铭辞，不独施之器物，如刘禹锡《陋室铭》之类”，实际上都是变体（第八章）。对于那些变化过大、已丢失或远离了该体之特征者，蒋伯潜则别为一体。比如，他将官箴看作箴的正体，而将韩愈《五箴》等但以针砭自己者视为变体，认为“王郎《杂箴》，乃施之于巾履之类，虽也以示戒慎之义，已侵入‘铭’底范围”（第八章）。再如，赠序本为赠别之诗歌作序，但唐以后，无诗之赠序既多，元明以后，又有寿序、贺序之类，“则此类序跋底变体，已早由附庸蔚成大国；且其性质用途，反与书牍相近，去序跋益远”，故蒋伯潜遵从姚鼐，别列赠序一类（第六章）。

中国古代的文体实践有数千年之漫长，在此过程中产生了纷纭繁杂的文体名称，初学者往往被搞得眼花缭乱。蒋伯潜梳理文体流变时，特别注意对相关名称区辨归类、以正名实。他强调，“辨别文体，不当但看题目的字面”（第七章），以为题目上有某字便是某体或某类，而应该结合内容、形式、体制、功用等综合判断。有些文章或文体，虽然题目或名称不同，但内容、体制等相同或相近，实可归并为同一体或同一类。阐说某类文体时，蒋伯潜通常会穷尽式地罗列其下的众多文体，并扼要解析其异同。比如，他逐一讲解“论说”一类中“论”“辨”“议”“说”“原”等文体的特点道：“论”是发表自己的主张的，“辨”则有辨正是非的性质，所以论贵“能立”，辨贵“能破”。“议”有奏议、驳议等，本是集议讨论时的作品，有些只是普通的论说。“说”本是说明文的正体，但文人往往借以发议论。“原”者，推论本原之意（第七章）。再如，他指出，公文中的奏议有很多异名，《尚书》有称“训”的，如《伊训》。战国时则多称“书”，如李斯《谏逐客书》。汉代有称“疏”者，如贾谊《陈政事疏》；称“奏”者，如赵充国《屯田奏》；称“对”者，如东方朔《化民有道对》；称“封事”者，如刘向《极谏外家封事》（这是密封的奏议）。三国时有称“表”者，如诸葛亮《出师表》。唐时又有称“状”者，如陆贽《奉天请罢琼林大盈二库状》。宋代有称“劄子”者，如王安石《本朝百年无事劄子》。此外，唐代有“榜子”“录子”等名，明清有称“题”、称“本”、称“奏折”者。上述文体中，有些仅是不同时代的名称之别，实质没有差异；有些则在功用、对象等上有所不同，如“弹章”专用于弹劾，“对策”专用以对答策问，“牋”是上行的公文，等等（第十一章）。

对于那些题目或名称似是、实质却非的文章或文体，蒋伯潜尤其注意区辨。比如，他指出，所谓“舆人之诵”“裘鞸之诵”是民间的歌谣，含有讥刺的意思，只能归之于诗歌，不能入之于颂赞（第八章）；韩愈的《伯夷颂》，名虽为颂，实际上并不是颂，所以《古文辞类纂》把它归入论辨类中（第八章）；戴震之《孟子字义疏证》，书名虽似注疏，其实是发挥他自己的“情感哲学”主张的，决不当把它们归入注疏类中（第九章）；柳宗元的《陪永州崔使君游讌南池序》及《序棋》《序饮》，都是记事小文，其所谓“序”者，谓叙述之叙，非序跋之序（第十四章）；奏议之牋，与书牍类之笺或牋不同①，后者是私人的、平行的，前者是上行的公文（第十一章）；表谱之表与奏议之表，截然不同（第十四章）；箴铭之铭，本题于器，义主规勉，那些刻石以颂功德、志墓传人的铭，用途、意义都已不同，当入碑志类（第八章）；陶潜《五柳先生传》、韩愈《毛颖传》等假传，实际上是小说性质的文学作品（第十三章）。

个别文体带有“两栖”特性，蒋伯潜就用“互见法”提点。比如，申说公文类时，他谈到了哀册，点明是迁帝后梓宫（棺材）及太子、诸王、大臣死时用的（第十一章）；论述哀祭类时，他又说：公文类中，曾提及过的哀策，也可归入此类，如东汉李尤的《和帝哀策》（第十二章）。

蒋伯潜编纂本书，初衷是为了指点作文门径。一开篇，他即指出，欲学习作文，不仅要了解“文字底使用、词语底组织、章句底构造”等文章学知识，还须“更进一步，研究文章底体裁，研究文体底类别”，否则，写成的作品，可能不合体裁、“非驴非马”（《绪论》）。基于这个考虑，分论各个文体时，蒋伯潜除了论

① 蒋伯潜论书牍时说：“用木的‘牋’，实和用竹的‘笺’相同。”

析其特征、渊源、流变外，还花了不少笔墨讲解其作法。他往往能结合自己数十年从事大、中学语文教学的经验，体贴学生的困惑和需要，扼要提点，所言多切实、透辟！比如，他指出：属辞简明、立意切实、态度严正、心气和平，是撰作公文的要件（第十一章）；写作对联，须做到意思切贴、句语自然、对仗工整、声调和谐（第十二章）；书牍之文，抒情贵真挚而切当，叙事贵简要而明白，措辞贵妥适而自然，能使情意宣达如分，阅者发生共鸣（第十章）；碑志之文，以凝重谨严为主，一般长句少，短句多，叙事须简明质朴，少杂议论，至于铭辞，不论用韵与否、句式长短，都要凝练简朴（第十三章）。蒋伯潜还善于揭示同一文类下不同文体的作法差异，这使读者更易掌握。比如，同为论说，考证、批评、对辩，须凭纯粹的客观的理智，万万不能加入主观的情感。但是说喻和倡导，虽然也以理智为主，笔端上却必须带着情感。因为后者之目的，不但在使人“信”，还须在使人“从”；不但在使人“知”，还须在使人“行”（第七章）。同属传状，史书之传，是整部书中的一篇，读者读了全书，背景自见；所记之人的事迹，也可互见于他篇，故有略大事、详见人物个性之小事者。文人所作的单篇之传，则不容简省人物生平大事及背景，至于事之因果、人之个性，撰作时亦不可忽过（第十三章）。

三、“力求具体”、可圈可点的风格论

末尾两章，蒋伯潜还附论了风格。至于为什么要讨论风格，本书仅说文体论与风格有“联带的关系”(《绪论》),《体裁与风格》则提到，文体论是从体制、用途上对文章的分类，风格也可视为从作风上对文章的分类，作文时，风格应曲应直、应轻松应严肃……“得视所做的文章是哪一种体裁而异。例如写给尊长的信，文章便应婉曲，文律便应谨密，气象便应柔和，态度便应严肃了”[①]。本书具体讨论风格时，更是数次提到不同文体的风格差异。比如，蒋伯潜指出，“凡是注意于积极的修辞技巧的，多用辞藻的，其色彩便浓；凡是注意于消极的修辞方法，少用辞藻的，其色彩必淡。故骈文、律诗，色彩较浓；散文、绝诗、古诗，色彩较淡”。词与曲，正统派古文与晚明小品文，风格之不同，都在其味有尖夵之别（第二十章）。可见，蒋伯潜之所以在文体论末尾附论风格，主要是从指导作文的角度提醒人们留意不同文体风格之差异。不过，他对风格的论述，并不囿于文体风格，而是从更宽广的广义文章视域阐析的。

蒋伯潜指出，古人讨论风格，“多抽象玄虚之论”，他则“想

① 蒋伯潜:《体裁与风格》下册，首都经济贸易大学出版社 2018 年版，第 289 页。

力求具体”(《结论》)。他主张从具体和抽象两方面去区辨文章的风格，每个方面又各分四组。具体方面，如以文辞论，则有“繁缛”与“简约”之别；以笔法论，则有“隐曲”与“直爽”之别；以章句形式论，则有“整齐”与“错综”之别；以诗文格律论，则有“谨严”与“疏放”之别；以文章意境论，则有“动荡”与“恬静”之别（第十九章）。抽象方面，如以声调论，则有“曼声”与“促节”,“宏壮”与“纤细”之别；以色味论，则有“浓厚”与“平淡”，以及“尖”“忝”“甜”“苦”“酸”“辣”之别；以神态论，则有“严肃”与“轻松”之别；以气象论，则有“阳刚”与“阴柔”,“正大”与“精巧”之别（第二十章）①。

对于每组风格的析论，蒋伯潜更是“力求具体”，他往往结合作家、作品详细阐释其差异及成因，分析颇为精妙、透辟。比如，在论述风格的“隐曲”与“直爽”之别时，他首先指出，这组差异与作家个性及言说环境有关。接着，举例说明道：贾谊《陈政事疏》、王安石《本朝百年无事劄子》是“直爽”的文章。贾谊感文帝之知遇，又值年少气盛；王安石想实行变法，又是一个主观很强的人，所以作风如此。至于李密《陈情表》，因为不便把不肯

① 《体裁与风格》具体方面,“意境”作“境界”。抽象方面，多以“意境”论，有“超逸”与“切实”之别；以声调论，多“高亢”与“微弱”,“轻清”与“重浊”二组。以“意境”论未单独析论，仅在讲解从格律、态度上辨别风格时简单提及，指出李白、杜甫的作品，不仅有格律、态度上的差异，意境也有“超逸”与“切实”之别（蒋伯潜:《体裁与风格》下册，首都经济贸易大学出版社 2018 年版，第 277、287 页）。

臣事二姓的真意痛快地陈说，不得已托辞于祖母年老，婉达不能出山之意，便是一篇“隐曲”的文章。随后又结合韵文加以阐析：古人论诗，多以“温柔敦厚”为旨，抒写感情，多用含蓄之法，故古人之诗，以婉曲者为多。有全以譬喻出之的，如《诗·豳风》之《鸱鸮》。“此诗为周公所作；那时周基初奠，武王方崩，成王尚幼，外有武庚复国之变，内有管、蔡流言之讹，他老人家负了一种艰巨的责任，怀着万分痛苦的心情，真有说不出、说不完的苦衷。这首诗，却完全借一只营巢辛苦、鬻子恩勤的老鸟对鸱鸮哓哓瘏口之辞，把风雨飘摇、身心憔悴底苦况，吞吞吐吐地诉说出来，没有一句动气的话，没有一句灰心的话，真是一首抒情的杰作。”有全用景物烘托的，如斛律光的《敕勒川》，“完全写景物，而单人匹马在万里无垠的沙漠中所引起的独立苍茫之感，与作者粗豪沉郁的个性，都已活跃于纸上”。最后，总结道：“无论是散文、是韵文，是发表意见、是抒写感情，凡以吞吐喷薄的笔法出之的，都有‘直爽’的风格；凡以回荡含蓄的笔法出之的，都有‘隐曲’的风格”（第十九章）。这些阐析，特别明晰到位，读来令人如置身课堂、亲聆謦欬，想见一代名师讲到精彩处眉飞色舞的神采及一众学子如痴如醉的神情。

蒋伯潜具体讨论风格的理路应是受陈望道《修辞学发凡》的启发。陈氏曾将“文体或语体”分为四组八种：“由内容和形式的比例，分为简约和繁丰”；“由气象的刚强和柔和，分为刚健和柔婉”；

“由于话里辞藻的多少，分为平淡和绚烂”；“由于检点工夫的多少，分为谨严和疏放”①。蒋伯潜《体裁与风格》谈到风格时，两次引用了陈著②；本书虽没提及，但从观点和例证看，亦有借鉴。不过，蒋伯潜沿着陈氏的路子，做了很多开拓和细化，他论述的范畴更多，分析更为周密。这种具体的研治理路，体现了现代学术的精神和高度，遗憾的是，在蒋伯潜之后，几成绝响。作为现代学人，我们对古代文论范畴、命题、观念等的研究，既要重视其生成语境和特点，但也不能满足于原初状态，停滞在笼统、模糊的印象阶段，而是要尽量具体地阐析清楚其内涵。陈氏、蒋氏对风格范畴的分组和论析，或有可商之处，但其理路无疑是值得肯定、发扬的。

特别值得注意的是，蒋伯潜论述风格，一开头即提到，由于“作者底时代、地方、个性、学力、环境及一时内心底触发，对外面的人事景物所携得的印象，各不相同”，所以风格有时代、地域、流派、作家等之异。后面他提示“辨别风格底要点”，却仅就“繁缛”与“简约”等立论（第十九章）。笔者觉得，这说明蒋伯潜已意识到了风格的“范畴”与“单位”之别。“繁缛”与“简约”等是基于作品的风格“范畴”，而时代、地域、民族、流派、作家等则是人们言说风格时的区辨性“单位”，人们所谓时代风格

① 陈望道:《修辞学发凡》，复旦大学出版社 2008 年版，第 205 页。

② 蒋伯潜:《体裁与风格》下册，首都经济贸易大学出版社 2018 年版，第 153、198 页。

等，实际上是指不同时代等的作品之风格，归结点仍在作品；两者不宜混为一谈，而且，前者应是研究的重点。遗憾的是，现有大多数文学概论或风格研究著作，往往思维混杂、舍本逐末。

蒋伯潜受陈望道《修辞学发凡》启发，已明白不同风格在作品中往往是交错并呈的。如“阳刚与正大、精巧与阴柔，是交错的，而不是完全一致的或互相排拒的”（第二十章）。“色与味底浓淡，并不是一致的”，有些作品堆砌词藻，却味同嚼蜡；有些完全白描，却有味外之味（第二十章）。再如，“辛弃疾底《贺新郎》词（‘绿树听啼鴂’一首），开头便连用三种啼鸟声，以后又连用许多故事，累累堆堆地，倒豆儿般，把郁积在胸中的国难家忧、离愁别恨，语无伦次地倾吐出来。柳永底《雨淋铃》词（‘寒蝉凄切’一首），则哽哽咽咽地，用绵绵絮絮之辞，琐琐屑屑地细诉儿女泣别之情。这两首词的声调都是促节。可是辛词是宏壮的，恰如白居易《琵琶行》所谓‘大弦嘈嘈如急雨’‘大珠小珠落玉盘’；柳词是纤细的，恰如白氏所谓‘小弦切切如私语’‘幽咽泉流冰下滩’”（第二十章）。的确，某个风格范畴通常是从某个特定角度或层面着眼的，而作品则可从多个角度或层面打量，用多个风格范畴描述其特点。

蒋伯潜的风格论，还有其他一些可圈可点之处。比如，蒋伯潜对有些风格的价值判断，扬弃了传统的偏见。古人多将态度“严肃”者视为诗文的正宗，蒋伯潜则指出，风格“轻松”者也有隽永之作，如《世说新语》。晚明小品如张岱《陶庵梦忆自序》，更是“于轻松的态度之下，隐藏着严肃的心情”，颇为可贵（第二十章）。再如，他区辨风格，既审度“大体”，也明察“例外”。从气象论“阳刚”与“阴柔”之别时，蒋伯潜指出，这主要与作者的个性与地方性有关。曾国藩“尝谓庄周、扬雄、韩愈之文得阳刚之美，司马迁、刘向、欧阳修、曾巩之文得阴柔之美。但这也是就大体说；如就他们底作品，逐一细加辨认，则例外亦正不少。如《庄子》底《刻意》《缮性》二篇、扬雄底《太玄》、韩愈底《祭十二郎文》……何尝不具阴柔之美？司马迁《史记》中的《项羽本纪》《魏公子传》，何尝不具阳刚之美？至于刘向、曾巩之目录序，那是整理古籍、有关学术的文章，自然是心平气静的居多”（第二十章）[①]。另如，他辨析风格，善于透过表象看本质，这在一定程度上涉及了对立风格的辩证统一关系。如分析意境的“动荡”与“恬静”之别时，他举例说明道：“《左传》用一句‘舟中之指可掬也’的记静态的句子，去写出晋军溃败时中军、下军争舟之骚动的情形，意境也仍旧是动的”；“李白底《月下独酌》，从‘举杯邀明月’到‘我歌月徘徊，我舞影零乱’，写得何等热闹动荡。但结果是‘醉后各分散’，月去影消，仅存一我。实际上，这首诗底意境仍是静的”（第十九章）。

---

① 蒋氏此论应受唐文治《国文阴阳刚柔大义绪言》之影响，参见邓国光辑释，欧阳艳华、何洁莹辑校《唐文治文章学论著集》，上海古籍出版社 2020 年版，第 328—329 页。

民国时期，是中国学术、文化乃至社会的转型期。那时比较开明的中华学人，往往能够站在民族文化本位立场吸纳新知。蒋伯潜即是如此，而且，因为他有着丰富的教学经验，加上《文体论纂要》的自学教材性质，更使此书带有既汇集古今众说又有自己裁断的特点。另外，此书是民国时期问世的十余部文体学专书中最为翔实、篇幅最大的。就此而言，称其为民国时期集大成的文体论著作，一点也不过分。即使站在今天的立场来看，蒋伯潜的某些观点或可商榷，但其融通旧学新知的精神及其理路、方法，颇有纠偏补弊意义，能为文章学、文体学乃至古代文论、文学研究如何落实“三大体系”建设提供重要而切实的启示，值得反复揣摩学习。

《文体论纂要》1942 年 6 月由正中书局初版，随后在上海、台湾多次再版。2011 年，(台中)文听阁图书有限公司张高评主编《民国时期文学研究丛书》第一编亦据初版影印收录。这次整理此书，以民国时期最后一版 1948 年 2 月正中书局沪四版为底本，对于整理过程中发现的讹误，皆参照他书等加以订正，并出校勘记说明。导读承蒙管琴女史等垂青，刊于《北京大学学报》2023 年第 6 期。这套丛书从策划到编辑，杜晓宇先生、王敏和吕方女史等费心费力。谨此一并致谢！

陈斐

绪论

文字是记叙人物、评论事理、表达情意的工具，为人人生活所必需。以文字组成词语、章句，必无悖于文法修辞底格律，然后能叙人、记物、评事、论理、表情、达意，使读者了解、信从、欣赏。文法底格律、修辞底技巧，如何应用于文章，《文章学纂要》中已详言之。但是文字底使用、词语底组织、章句底构造，虽已能免除文法的错误，而且已懂得修辞底技巧，还不能尽作文底能事；因为如果写成的作品，不合它们底体裁，仍是“非驴非马”的、不合式的文章。所以我们须更进一步，研究文章底体裁，研究文体底类别。

《尚书·毕命》篇已有“辞尚体要”的话，这或者是我国文体论底起源。但是“辞尚体要”与“政贵有恒”并举，则所谓“辞”者，当然专指与政治有关的辞令，不是统指一切文章而言，已可想见；而且“辞”底体要，究应如何，仍是语焉不详，怎能以这句话为文体论底滥觞呢?

北齐颜之推底《颜氏家训》,有《文章》篇,曾说到各种文体,其言云:

> 夫文章者,原出五经:诏、命、策、檄,生于《书》者也;序、述、论、议,生于《易》者也;歌、咏、赋、颂,生于《诗》者也;祭、祀、哀、诔,生于《礼》者也;书、奏、箴、铭,生于《春秋》者也。

他举了许多类的文体,以为都出于五经。梁刘勰《文心雕龙·宗经》云:

> 故论、说、辞、序,则《易》统其首;诏、策、章、奏,则《书》发其原;赋、颂、歌、赞,则《诗》立其本;铭、诔、箴、祝,则《礼》总其端;记、传、铭、檄,则《春秋》为其根。

各种文体都原于五经,齐、梁时已有这一派主张了。明黄泰泉底《六艺流别》,乍看它底名称,似乎是叙述经学派别的,实际上却是一部文选[①]。他根据文体原于五经的主张,选录汉、魏以下

① 文选 底本作“选文”,据文意改。

的诗文，依六经分类，曰:“《诗》之流五，其别二十一;《书》之流八，其别四十九;《礼》之流二，其别十六;《乐》之流二，其别十二;《易》之流十二;《春秋》之流六。”“流”是他所分的“类”，“别”则为各类底“子目”。五经（《易》《诗》《书》《礼》《乐》《春秋》，是为六经；六经中唯《乐》无经，故又称五经）为我国古代文章底总荟，当然有许多“古已有之”的文体存于其中，以它为我国各种文体底滥觞所自，原无不可；而且《诗经》以音乐底关系而分为“风”“雅”“颂”（用清魏源及近人梁启超说，详见《诗歌文学纂要》及《经学纂要》)，以作法底不同而分为“赋”“比”“兴”，虽仅以《诗经》为范围，已开文体分类之先声。但后世人事日繁、文化日盛，文体自然也随而孳乳，必以五经范围后世一切新兴的文体，作为文体论不可移易的根据，则牵强附会、纰谬遗漏之弊，终不可免!

前人也有认为五经底文体，彼此无别的。宋陈骙《文则》有云:

> 六经之道，既曰同归；六经之文，容[①]无异体。故《易》文似《诗》,《诗》文似《书》,《书》文似《礼》。《易·中孚》九二曰:“鸣鹤在阴，其子和之。我有好爵，吾与尔縻之。”

---

① 容 底本作“究”，据《文则注译》(P.1)改。

> 使入《诗·雅》，孰别爻辞？《诗·大雅·抑》二章曰："其在于今，兴迷乱于政；颠覆厥德，荒湛于酒。汝虽湛乐从，弗念厥绍；罔敷求先王，克共明刑。"使入《书》诰，孰别雅语？《书·顾命》曰："牖间南向，敷重蔑席，黼纯，华玉仍几；西序东向，敷重底席，缀纯，文贝仍几；东序西向，敷重丰席，画纯，雕玉仍几；西夹南向，敷重笋[①]席，玄粉纯，漆仍几。"使入《周礼·春官·司几筵》，孰别命诰？

照他所说，则《诗》《书》《易》《礼》底文体，彼此类似，无从加以区别了。按，《周易》底爻辞，原是占繇，本为韵语，故体近诗歌。《诗·大雅》底《抑》，小序以为是卫武公刺厉王，亦以自警之作，则本为箴规之辞，与《尚书》底《伊训》（伊尹箴太甲）、《无逸》（周公旦规成王）等，同其旨趣，而其时代尚在周之中世，故其语句近似《尚书》。至于《顾命》所记，原是丧礼底陈设，陈氏所节录的又是其中记几席的一段，故与《周官》司几筵底文章相似。而且陈氏所举，不过《易》《诗》《书》中几个例子，也未能包括全书。所以我们不应因此臆断，说六经底文体彼此相似，不能区别，且不必加以区别。六经除《乐》为《诗》底乐谱外（详见《经学纂要》），其余五经，性质不同（《诗》为歌辞，《书》

---

① 笋　底本作"节（節）"，据《文则注译》（P.1）改。

大部为文告,《仪礼》记礼节,《周官》记官制,《易》为卜筮之书,《春秋》为编年之史),故文体也不同。甚至同列一经之中的各篇,文体也不尽同,如《易》底卦辞、爻辞、彖辞、象辞与系辞、文言之属,《尚书》底《禹贡》《顾命》之属与典、谟、誓、诰,《诗》底《风》《雅》《颂》,其体裁、风格都截然互异。是陈氏之说,未可尽信。而我国底各种文体,在周中世以后,已相当发达,则已于此可见。但是[①]文体论,则在那时期,或更晚的战国至西汉,尚未发生。

我国底文体论,殆发轫于魏、晋,而盛于齐、梁。何以故?以文人单篇的作品至东汉始盛故。先秦古籍,如六艺经传、九流诸子以及《国语》《国策》等历史记载,皆各成专著;单篇之作,仅诗歌、辞赋而已。汉代经师解经之作,固各成专书;余如陆贾《新语》、贾谊《新书》、淮南《鸿烈》、扬雄《太玄》《法言》之类,则近于"子";司马迁《太史公书》、刘向《列女传》之类,则都是"史";其单篇之作,除当时盛行之"赋"外,惟碑文(如李斯《泰山刻石》《琅玡刻石》及诸汉碑)、诏奏(如西汉诸帝之诏策、玺书及名臣奏议)、书牍(如司马迁《报任安书》、杨恽《报孙会宗书》等)之录存于史书者而已。故刘歆底《七略》、班固底《汉书·艺文志》,部录书籍艺文,于"六艺""诸

① 是　底本作"以",据文意改。

子”“兵书”“术数”“方技”五略著录专书之外，仅列一“诗赋略”以著录单篇之诗赋。诗赋略分“歌诗”与“赋”，赋又分“屈原赋”“孙卿赋”“陆贾赋”“杂赋”四种；但所录仅及诗、赋，终不足以概括文章底全体，而成我国文体论底开祖。

东汉之世，学者专著之书渐少，文人单篇之作日多。故曹丕《与吴质书》独称徐幹怀文抱质，著《中论》二十余篇，成一家之言，辞义典雅，足传于后。单篇之文既多，于是有搜集某人生平作品而编成的“别集”。《隋书·经籍志》云:“别集之名，盖汉东京之所创也。”别集之兴，实在是当时的需要。别集既多，乃有选录各人作品的“总集”。故《隋书·经籍志》又云：总集之起，由于“建安之后，辞赋转繁，众家之集日以滋广”。按,《诗经》为我国最早的诗底总集,《楚辞》为我国最早的赋底总集；但二者是专录“诗”与“赋”的，仍和《汉志》底《诗赋略》同为一部分的作品底总荟；且《诗经》已入经部,《楚辞》在《隋志》也特立为一类；故《隋志》所著录的总集以杜预《善文》及挚虞《文章流别》为最早。杜预是三国末人，挚虞是晋人；这时候，正是我国文体论萌芽的时期。魏文帝（曹丕）底《典论·论文》有云:“奏议宜雅，书论宜理，铭诔尚实，诗赋欲丽；此四科不同，故能之者偏也。”这几句话，虽尚不能谓为文体论，因为他并非专为论文体而发，但这时候方有人注意到各体诗文底性质和作法底不同，则已可概见。晋初，陆机《文赋》中，乃有论各体文章特质的话:

诗缘情而绮靡，赋体物而浏亮；碑披文以相质，诔缠绵而凄怆；铭博约而温润，箴顿挫而清壮；颂优游以彬蔚，论精微而朗畅；奏平彻以闲雅，说炜晔而谲诳。

这就是他所谓“体有万殊”“区分在兹”吧！而且就文体类别说，也已比《典论·论文》详细得多；虽然每一体类只有一句话，已可认为是我国文体论底滥觞了。陆机和杜预、挚虞同时，可见文体论和总集，正萌芽于同一时期。

杜预底《善文》已亡，无从考见它底分类。《文章流别集》亦已散佚，但现在尚有从《艺文类聚》和《太平御览》二书辑存的本子，似分为颂、赋、诗、七、箴、铭、诔、哀辞、解嘲、碑、图谶[①]十一类。《隋志》说它[②]“各为条贯而论之，谓之流别”，则于文体分类必有所论列，故此书可以说是我国文体论底开山，可惜已经散佚不全了。

南朝齐、梁时，才是文体论底全盛时代。梁昭明太子萧统（武帝太子）所辑底《文选》为现存最早最著的总集。其自序有云：

---

① 谶　底本作“纤（纖）”，据文意改。

② 它　底本作“他”，据文意改。

> 箴兴于补阙，戒出于匡弼；论则析理精微，铭则序事[①]清润；美终则诔发，图像则赞兴；诏诰教令[②]之流，表奏笺记之列，书誓符檄之品，吊祭悲[③]哀之作，答客指事之制，三言八字之文，篇辞引序，碑碣志[④]状，众作蜂起，源流间出。譬陶匏异器，并为入耳之娱；黼黻不同，俱为悦目之玩。作者之致，盖云备矣……至于记事之史，编年之书，所以褒贬是非，记别同异；方之篇翰，亦已不同。若其赞论之综缉辞采，序述之错比文华，事出于沉思，义归乎翰藻，故与夫篇什，杂而集之。

即此已可见其收罗之广、分类之细，且史书虽与经、子同在选录范围之外（序云："若夫姬公之籍，孔父之书，与日月俱悬，鬼神争奥，孝敬之准式，人伦之师表，岂可重以芟夷，加之剪截？老、庄之作，管、孟之流，盖以立意为宗，不以能文为本；今之所撰，又以略诸。"则经、子皆不入选），而史书中之赞、论、序、述则仍酌选。按其目录，共分三十九类，且第一类"赋"又分子目十六[⑤]，第二类"诗"又分子目二十二，可以说是详细极了。

---

① 事　底本作"书（書）"，据《文选》（P.2）改。
② 令　底本作"会"，据《文选》（P.2）改。
③ 悲　底本作"怨"，据《文选》（P.2）改。
④ 志　底本作"制"，据《文选》（P.2）改。
⑤ 十六　底本作"十一"，据下文改。

《昭明文选》是一部总集，仅能在其目录及序中，窥见它底分类及概说，还不能说它是论文体的专著。和萧统同时的刘勰底《文心雕龙》，前半部论文体，后半部论修辞；它底上编从《原道第一》到《书记第二十五》，才是我国现存最早的文体论底专门著作。《序志》篇云：

> 文心之作也，本乎道，师乎圣，体乎经，酌乎纬，变乎骚；文之枢纽，亦云极矣。若乃论文叙笔，则品别区分，原始以表末，释名以章义，选文以定篇，敷理以举统，上篇以上，纲领明矣。

可见它前五篇《原道》《征圣》《宗经》《正纬》《辨[①]骚》是“文之枢纽”；此后《明诗》《乐府》《诠赋》《颂赞》《祝盟》《铭箴》《诔碑》《哀吊》《杂文》《谐隐[②]》《史传》《诸子》《论说》《诏策》《檄移》《封禅》《章表》《奏启》《议对》《书记》二十篇，则类分各种文章底体制。这二十篇，每五篇为一卷，自《明诗》至《谐隐》二卷，所论都是有韵的；自《史传》至《书记》二卷，所论都是无韵的。那时候，本有所谓“文”“笔”之分（《文心·总术》篇云：“今人常言，有文、有笔。以为有韵者，文也；无韵

① 辨 底本作“辩”，据《文心雕龙注》（P.45）改。下文径改。

② 隐 底本作“讔”，据全书大多数写法统一。下文径改。

者，笔也。”按,《南史·颜延之传》:“宋文帝问延之诸子才能。延之曰:‘竣得臣[①]笔，测[②]得臣文。’”梁元帝《金楼子·立言》篇云:“……屈原、宋玉、枚乘、长卿之徒，止[③]于辞赋，则谓之‘文’……至于不便为诗如阎纂，善为章奏如伯松，若是之流，泛谓之‘笔’。”又曰:“吟咏风谣、流连哀思，谓之‘文’。”),《序志》篇所云“论文叙笔，品别区分”，即是指此四卷而言。

《南史·刘勰传》说他在梁天监（武帝年号）中，兼东宫通事舍人，深被昭明太子爱接，则刘氏不但与萧统同时，而且是和他很接近的了。但《文心·时序》篇评述历代文学，至宋为止，说到齐代，则云:“暨皇齐驭[④]宝，运集休明。”又云:“今圣历方兴，文思光被；经典礼章，跨周轹汉，唐虞之文，其鼎盛乎？”似此书成于齐末，在《文选》之前。《南史》本传又说刘氏既撰《文心雕龙》,“未为时流所称。勰欲取定于沈约，无由自达，乃负书候约于车前，状若货鬻者。约取读，大重之”。这件事,《南史》没有说明在那一年。沈约历仕宋、齐，已官至尚书左长史，至梁武帝时，乃为尚书仆射；而刘勰则少孤且贫，依僧祐十余年，入梁，始为昭明太子所礼待。《南史》所记，似乎是齐末梁初的事情，则其撰作《文心》，当在未和昭明太子接近以前，而《文选》与《文

① 臣　底本脱，据《南史》(P.879)补。
② 测　底本作“卿”，据《南史》(P.879)改。
③ 止　底本作“工”，据《金楼子校笺》(P.966)改。
④ 驭　底本作“取”，据《文心雕龙注》(P.675)改。

心》的分类是各不相谋的了。

同时，还有任昉的《文章缘起》，自“诗”“赋”“歌”“骚”至“图”“势”“约”止，共分八十四类，而且于每一类，各追溯其起源[①]，也可算是文体论的一部专著。此书现尚存在，似可据以考见梁代《文心》《文选》二书以外的文体分类。但《隋书·经籍志》载此书，称任昉《文章始》，且云“有录无书”。《唐书·艺文志》载任昉《文章始》一卷，云“张绩补”。则此书曾经亡佚，后为张绩所补，现存的已不是任氏的原本了。

宋初，太平兴[②]国（太宗年号）时，李昉、徐铉等奉敕编《文苑英华》一千卷，选录梁末以下的文章，以续《文选》。姚铉又择取其十之一，成《唐文粹》一百卷，分古赋、古调、颂、赞、表奏书疏、状、檄、露布、制策、文、论、议、古文、碑、铭、记、箴、诫、铭（此多为物铭，与上列“铭”类不同）、书、序、传录记事，二十二类，子目共三百十六。姚氏选文，不取“多声律，鲜古道，资新进后生干名求试者之急于用”者，而取“唐贤之迹两汉、肩三代”的作品，于是“诗赋”亦如其余的文章，在骈、散之间画一鸿沟。所以《唐文粹》一书，在骈、散分道扬镳的历史上，可以说是散文派总集底开祖。但因为它仍是一部总集，仍不能称为文体论底专著。此后散文派底总集，雨后春笋般地接踵

① 君 底本作“召”，据上文改。
② 源 底本作“原”，据本书大多数写法统一。下文径改。

而兴。其著者，如南宋吕祖谦底《宋文鉴》，则分五十类；元苏天爵底《元文类》，则分十五纲、四十三类；明程敏政底《明文衡》，则分三十八类。《唐文粹》《宋文鉴》《元文类》《明文衡》，都是断代选录的总集，可以衔接而成一系统。明吴讷底《文章辨体》，名称很像一部文体论，实际也是一部总集。它分内、外二集：内集是散文，分四十九类；外集是骈文，分五类。徐师曾底《文体明辨》，是就吴氏之书而广之者，也是总集而非文体论。他以内集为正编，分一百零一目；外集为附录，分二十六目。贺复[①]徵底《文章辨体汇选》，也以吴氏之书为蓝本，分类增至一百三十二。这三部总集虽都骈、散兼收，但以散文为“内集”，为“正编”，以骈文为“外集”，为“附录”，其旨在重散轻骈，已可不言而喻。清人程鉴以吴讷底《文章辨体》，顾名思义，当“重在体之辨，而不惟其文之富”，于是取其叙各种文体缘起之语，每体又精择若干篇文章为例，原集所无者则补之，名曰《文章辨体式》。这才成为偏重文体论的书籍。至若清储欣底《唐宋十大家类选》，分六门十三类，则又是广明人茅坤底《唐宋八大家文钞》而成的一部总集。在散文派中最占势力、近人论古文者所奉为圭臬的，还得推姚鼐底《古文辞类纂》。他分文体为十三类：（1）论辨，（2）序跋，（3）奏议，（4）书说，（5）赠序，（6）诏令，（7）传状，（8）碑志，（9）杂

① 复（復） 底本作“后（後）”，据史实改。

记,（10）箴铭,（11）颂赞,（12）辞赋,（13）哀祭。他底自序疏说文体，也很明白，可供研究文论者底参考。曾国藩底《经史百家杂钞》就姚书再加调整，分为三门十一类:（一）著述门，三类:（1）论著,（2）词赋,（3）序跋;（二）告语门，四类:（4）诏令,（5）奏议,（6）书牍,（7）哀祭;（三）记载门，四类:（8）传志,（9）叙记,（10）典志,（11）杂记。曾氏此书集散文派总集底大成，可以称为纲举目张了。其实，他所分的门类，也有所本。南宋真德秀底《文章正宗》，分类仅四:（1）辞令,（2）议论,（3）叙事,（4）诗歌。辞令即告语门，议论即论著门，叙事即记载门；除诗歌为曾氏所不选，而所选几篇《诗经》列入词赋类外，可以说是大致相同。其主张骈、散不分的，别有李兆洛底《骈体文钞》，共分三十一类。这派主张，本上承刘勰底《文心雕龙》。近人章炳麟是这派底后劲。他底《国故论衡》中有《文学总略》一篇，论文体分类，所包至广。他以“无句读文”与“有句读文”为二大纲:无句读文分图书、表谱、簿录、算草四类；有句读文分有韵文、无韵文二类，每类又各分六目。

综上所述，自齐、梁以迄近世，我国底文体论，可以总括为三派:（一）骈文派，发生于梁，以萧统底《昭明文选》为不祧之祖;（二）骈散[①]兼宗派，与骈文派同时发生，以刘勰底《文心雕

① 骈散　底本作“散文”，据下文改。

龙》为开山，近人章炳麟底《文学总略》为后劲；（三）散文派，发生于北宋，姚铉底《唐文粹》开其先河，但终以清姚鼐底《古文辞类纂》及曾国藩底《经史百家杂钞》二书为正宗。这三派是我国固有的文体论，姑目之为“旧派文体论”。

清末，海禁既开，世界文化遂渐输入；东、西洋文学作品经迻译而传至我国者颇多。我国底文体论也受了它们底洗礼而起了变化。如清末龙伯纯底《文字发凡》，虽列举的有不成系统的三组分类，而其主旨则在第一组所分的四类：（1）记事文，（2）叙事文，（3）解释文，（4）议论文。汤振[①]常底《修词学教科书》所分之类，与龙氏第一组同。近人高语罕底《国文作法》，则分：（1）叙述文，（2）描写文，（3）解说文，（4）论辩[②]文；与龙、汤二氏亦大同小异。蔡元培《论国文的趋势》及《国文之将来》二文，则概括为“应用文”与“美术文”二大类。刘永济底《文学论》则概括为“属于学识之文”与“属于感化之文”二大类。最近施畸作《中国文体论》，又根据心理现象而分为“理智文”与“情念文”二组。理智文又分“论理文”与“记事文”二门，情念文则仅列“抒情文”一门；其下又各分若干种类。他们底分类，或直接取自西洋，或间接取自日本，总之，是从国外输入的，可目之为“新派文体论”。

---

① 振　底本作“若”，据史实改。下文径改。
② 辩　底本作“辨”，据《国文作法》目录改。下文径改。

我国自魏、晋时发轫的文体论底源流、派别，既大略叙述如上；文体论底略史，已可概见。以后各章，当先就旧派、新派各种文体论底分类，评述其得失；次则更进一步，作重新分类底尝试，并就所试分之类，说明其源流、特征，间亦略述其作法；至于所谓“风格”，虽不能说它是文体论底本质底一部分，却也有联带的关系，故亦于末二章附述其大概。读者如已阅《文章学纂要》，了然于文法、修辞底格律、技巧，而又能晓然于各种文体，则于作文之道，思过半矣。

第一章

骈文派文体分类述评

我国旧派文体论底三派，以骈文派和骈散兼宗派底发生为较早，兹以时代为先后，依次加以评述。骈文派底文体分类，既以昭明太子底《文选》为宗，则我们评述此派文体论，首应检讨《文选》底分类。《文选》分类凡三十九，首二类“赋”与“诗”，各有子目，兹列举如左[①]：

（一）赋类（子目十六:（1）京都赋,（2）郊祀赋,（3）耕藉赋,（4）畋猎赋,（5）纪行赋,（6）游览赋,（7）宫殿赋,（8）江海赋,（9）物色赋,（10）鸟兽赋,（11）志赋上,（12）志赋中,（13）志赋下,[六臣注本，志赋分上、中、下]（14）论文赋,（15）音乐赋,（16）情赋）;

（二）诗类（子目二十二:（1）补亡诗,（2）述德诗,（3）劝励

① 如左　即“如下”，底本繁体竖排，故称。下文不再说明。

诗,(4)献诗,(5)公谯诗,(6)祖饯诗,(7)咏史诗,(8)百一诗,(9)游仙诗,(10)招隐诗,(11)游览诗,(12)咏怀诗,(13)哀伤诗,(14)赠答诗,(15)行旅诗,(16)军戎诗,(17)郊庙[①]诗,(18)乐府,(19)輓歌,(20)杂歌,(21)杂诗,(22)杂拟);

(三)骚类;(四)七类;(五)诏类;(六)册类;(七)令类;(八)教类;(九)策类;(十)表类;(十一)上书类;(十二)启类;(十三)弹事类;(十四)笺类;(十五)奏记类;(十六)书类;(十七)移书类;(十八)檄类;(十九)难类;(二十)对问类;(廿一)设论类;(廿二)辞类;(廿三)序类;(廿四)颂类;(廿五)赞类;(廿六)符命类;(廿七)史论类;(廿八)史述赞类;(廿九)论类;(三十)连珠类;(卅一)箴类;(卅二)铭类;(卅三)诔类;(卅四)哀文类;(卅五)碑文类;(卅六)墓志类;(卅七)行状类;(卅八)吊文类;(卅九)祭文类。

《文选》底文体分类，在它那时代，已可谓为“集大成”了。其范围底广大(经、史、子之外，诗、赋及一切文章几无所不包)，分类底详细(如赋类又分十六目，诗类又分二十二目)，主体底确定(《文选》以诗、赋为主体，故列之卷端，且特分子目)，都是以前论文体者所未见到的。他所以不选姬孔之经、老庄诸子、记事之史，并非把这三类书屏于文章之外，是因为经、子、史都

① 庙(廟)　底本作“祭”，据《文选》(P.1274)改。

是专门的著作，读者宜浏览其全部，不宜加以割裂的。只有史书赞、论、序、述之“综缉辞采，错比文华[①]”者，则以“事出于沉思，义归乎翰藻”，方得与篇什同在采录之列。于此，可见他选材底范围，是集部底单篇之作；选录底标准，则为“辞采”“文华”“沉思”“翰藻”。这也比以前论文者高明得多。自魏郑默、晋荀勖著录《中经》，分书籍[②]为“甲”（六艺经传）、“乙”（诸子）、“丙”（史书）、“丁”（文集）四部后，虽又有《七志》《七录》等分类不同之目录，而《隋书·经籍志》之后“经”“史”“子”“集”四分法之雏形实已具于此时。前三部既均有专门著述底性质，则萧氏之专选集部底单篇之作，不能谓为有何不合。其于各体文章中，以诗、赋为主，一则系承《七略》《汉志》“诗赋略”之遗，一则系受当时重“文”轻“笔”底影响，亦不能认为毫无理由。至于他所定的选录标准：“综缉辞采[③]”“错比文华”“事出沉思”“义归翰藻”，则正是骈文家所公认为文章要素的。他所分之类，固不免繁琐之病，但细按之，也自有他底标准。他底标准，约举之，凡四：一曰文章底性能。性能各有不同，虽形式相像，也分为数类，例如“颂”与“赞”，“箴”与“铭”是。二曰题材与内容。诗、赋二类，所以各分子目，便因它们底题材与内容不同。

---

① 华（華） 底本作“笔（筆）”，据《文选》（P.3）改。下文径改。

② 籍 底本作“藉”，据文意改。

③ 采 底本作“藻”，据《文选》（P.3）改。

例如赋类有“纪行”“游览”二子目，诗类有“行旅”“游览”二子目，其分别之细密，更在其他子目之上。三曰文学[①]底流变。本来同属于一体的文章，因为在文学史上，有源流变迁的关系，他也各列一类，不使混淆。例如他既首列“赋”类，又于“诗”类之后，列一“骚”类。“骚”类，因楚人屈原底《离骚》得名。屈原是辞赋之祖。楚人曰“辞”，汉人曰“赋”，本是一体二名，都是由“六义附庸，蔚成大国”的“不歌而诵”之文章。故以广义言，“骚”“赋”本同属于一体。但汉人之赋，有沿袭骚体者，亦有为骚之变体者。例如司马相如是汉代著名的赋家，其《大人赋》仍用“兮”字调，为“骚”体；其《上林》《子虚》等赋，就不用“兮”字调，和骚体不同了。所以从楚骚到汉赋，虽是一脉相承，体制上已有变迁。《文选》分“赋”与“骚”为二类，便是因为文学流变底关系。四曰题目的字面。“七”本是“赋”之一种，“难”本是假设问难，和“设论”相同。但因[②]题目上所标的字面不同，也为之别立一类。《文选》以此四者为分类的标准，所以分得这样详细。

《文选》选文底标准是“辞采”“文华”“沉思”“翰藻”，梁代又是骈骊全盛底时期，而它所选范围之广、所分体类之细，又是空前的，所以后来崇尚骈文的一派，皆奉此书为圭臬。清阮元作

---

① 学　底本作“字”，据下文改。

② 因　底本作“同”，据文意改。

《文言说》，以《易》之《文言》为万世文章之祖；而《文言》之所以名曰“文”者，即在其“几于句句用韵”，“不但多用韵，抑且多用偶”；并引《考工记》“青与白谓之文，赤与白谓之章”二语，以为“两色相偶而交错之，乃得名曰文”，至于“单行之语”，“乃古人所谓直言之言、论难之语，非言之有文者”。这不是远绍《文选》“综缉辞采”“错比文华”“事出沉思”“义归翰藻”才得入选的宗旨吗？

骈文底格律化之极者为“四六文”。虽“四六文”之名始于晚唐（李商隐《樊南甲集》序云：“作二十卷，唤曰‘樊南四六’。”“四六”之名始此），宋人底四六文也与六朝人底骈文形貌不同，但四六之于骈文，犹汉赋之于楚骚，不能说它不是骈文。《文心雕龙·章句》篇云：“笔句无常，而字有条数。四字密而不促，六字格而非缓，或变之以三五，盖应机之权节也。”可见六朝人作骈文，已注意到四字句、六字句的句法了。四六文既为骈文底一枝，所以四六文底总集，也都承这部骈文正宗的《文选》底余风。例如宋王铚底《四六话》、李刘与其门人罗逢吉底《四六标准》，明王志坚底《四六法海》等，虽稍有修正，而渊源所自，皆出于《文选》。即使专选赋的《赋苑》《赋选》《典丽赋集》，专选诗的《乐府诗集》《乐府英华》，以及元微之《乐府古题序》之分为二十四类，严羽《沧浪诗话》除以人及用韵而分者以外底二十类，也都和《文选》多少有点儿关系。清人孙[①]梅作《四六丛话》，可谓集骈文派分类之大成；不但孙氏以前诸骈文家之说，已被它兼收并蓄，即孙氏以后，阮元诸家也不能越其范围。真是所谓“四骈六俪，观其会通；七曜五云，考其沉博；而且体[②]分十八，已括萧、刘”了。他所分的十八类，兹列举如左：

> 骚第一，赋第二，制敕诏册第三，表第四，章疏第五，启第六，颂第七，书第八，碑志第九，判第十，叙第十一，记第十二，论第十三，铭、箴、赞第十四，檄、露布第十五，祭、诔第十六，杂文第十七，谈谐第十八。

拿这十八类和《文选》三十九类相比，似乎简括得多了；但实际上，除不选“诗”外，其余各类，只是分合不同而已。可见骈文派的文体分类，从梁到清，并没有什么大进步。我们要批评他们，不妨仍以《文选》为对象。

萧统辑《文选》，其取材之博、分类之细，是空前的，已如上述，所以崇拜《文选》的人，有“从前文章只如散钱，至《昭明文选》分三十九类，始合散为十”底话。但是反对它的，也有讥为“拙于文，陋于识”的。清代古文大家姚鼐底《古文辞类纂序》

① 底本“孙”后衍“友”，据史实删。

② 体（體） 底本作“总（總）”，据《揅经室集·四六丛话序》（P.740）改。

里也说:“《文选》分体碎杂，其立名多可笑者。”骈文派、散文派家法不同，诚难免有门户之见，但姚氏这几句话，并不是攻讦《文选》底以“辞采”“文华”“沉思”“翰藻”为论文之准绳，而是批评它分类立名底不当，我们不当因骈、散门户底成见，把它一笔抹杀。例如“骚”与“赋”分，虽可以说是为了文学流变底关系，但是所谓“骚”者，并非是文体之名。《离骚》是屈原一篇底题目，“离骚”二字是楚人语，也可以倒过来说“骚离”。伍举[①]云:“近者骚离而远者距违。”(见《国语·楚语》)“骚离”和“离骚”意思是一样的。即此，可见“离”和“骚”是平立的二字，“骚”字并非和“赋”“论”等字一律，可以成为文体之名。则《文选》之“骚”类，其立名已是不妥。至于“史论”与“论”，“吊文”与“祭文”，“补亡”与“拟古”，则就文章底“性能”、文学底“流变”说，简直找不出它们分为两类底理由来。又如“赋”与“诗”各以题材、内容之不同，分列许多子目；其余不分子目的各类，难道题材、内容都是相同的？至于因题目底字面不同而分立的各类，更是姚氏所谓“分体碎杂，立名可笑”的了。因为他只看题目底字面，所以把东方朔底《非有先生论》和贾谊的《过秦论》同列在“论”类；这二篇文章，难道是同一性质的？枚乘底《七发》，假设吴客以七事启发楚太子（原文分八段，第一

① 底本“举”后衍“堂”，据《国语集解》(P.493—495)删。

段是吴客往问疾的绪论），这真是姚氏所谓“设辞无事实”的辞赋底作法。因为文人喜摹仿，所以东汉则有傅毅底《七激》、崔骃底《七依》、崔瑗底《七苏》、马融底《七广》，魏晋则有曹植底《七启》、王粲底《七释》、左思底《七讽》。《文选》却特地立了一类，名之曰“七”。以“七”为文体之一，不是立名可笑吗？若“七”可以立为文体底一类，则“七”以外，还当立一“九”类了。《楚辞》已有《九歌》《九章》《九辩》三篇，后来文人摹仿之作，还有汉刘向底《九叹》、王褒底《九怀》、王逸底《九思》，晋陆云底《九愍》哩！——自摹仿之风起，而文学陈陈相因，本是不足为训的。散文方面，如扬雄底仿《论语》作《法言》、仿《周易》作《太玄》，王通底仿《论语》作《中说》，苏绰底仿《尚书》作《大[①]诰》；辞赋方面，如仿东方朔《答客难》的有扬雄的《解嘲》、班固底《答宾戏》、崔骃底《达旨》：都没有创造的价值。萧氏为这些摹仿的文学作品，特立一“七”类，不是更有提创摹仿底流弊吗？

且自萧氏以“辞采”“文华”“沉思”“翰藻”标举骈文底家法以后，承其流者，乃一味致力于形式方面。即以诗论，也未必得当。《古诗十九首》底朴茂自然，岂不远胜于齐、梁时代雕琢之作？即以曹植、左思、陶潜底诗而论，其自然、朴质之美，又

① 大 底本作“制”，据史实改。

岂排偶、纤丽者所能望其项背？李翱《答朱[1]载言书》谓：“溺于时者，曰文章必当对；病于时者，曰文章不当对。”“古之人能极于工而已，不知其词之对与否也。”“《诗》曰：‘忧心悄悄，愠于群小。’此非对也。又曰：‘遘闵既多，受侮不少。’此非不[2]对也。”此说最为通达。古代文章，本不拘拘于有韵无韵之别、骈散之分。例如《孟子》一书全为散文，而《梁惠王下》“齐宣王见孟子于雪宫”章，便有一大段韵语：“今也不然，师行而粮食，饥者弗食，劳者弗息；睊睊胥谗，民乃作慝。方命虐民，饮食若流。流连荒亡，为诸侯忧。从流下而忘反谓之流，从流上而忘反谓之连，从兽无厌谓[3]之荒，乐酒无厌谓之亡。”“食”“息”“慝[4]”为一韵，“流”“忧”为一韵，“荒”“亡”为一韵。又如《易·系辞》，就大体论也是散文，而骈句、韵语之多，几乎在《文言》之上（“卑高以陈，贵贱位矣；动静有常，刚柔断矣。方以类聚，物以群分，吉凶生矣；在天成象，在地成形，变化见矣”，都是骈句；“鼓之以雷霆，润之以风雨，日月运行，一寒一暑，乾道成男，坤道成女”，则不但为骈句，而且是韵语了），所以以句之骈散、韵之有无为论文底标准，如阮元所谓必骈偶、韵语乃得称“文”，本是不合理的主张。何况诗文之美，在质不在文。苟非美质，即辞采、文章斐然

① 朱　底本作“王”，据《全唐文》（P.6411）改。
② 不　底本脱，据《全唐文》（P.6412）补。
③ 谓　底本作“为”，据《十三经注疏》（P.5819）改。
④ 慝　底本作“匿”，据上文改。

可观，声调、韵律铿锵可听，也不见得是有价值的。以形式论诗文优劣，既是不妥，则单就形式分别文体，其难妥适，不也是在意料之中吗？

萧统生当梁初骈文极盛的时代，其论文底眼光未免为时代所囿，我们自不应抹杀时代，加以苛论。他以太子底地位，而又爱好文学，史称其引纳文士，一时名才并集；他死时才三十一岁。我颇疑这部《昭明文选》未必是由他一人亲手编辑的；或者也如吕不韦底《吕氏春秋》、淮南王刘安底《淮南鸿烈》，成于门客之手，亦未可知。那么[①]，分类碎杂、立名不当，怕正因为是众手所纂成的缘故。这是我私意底猜度，但以前的人也曾说及过，我现在还找不到其他的证据，而且与文体论无甚关系，不必加以深究。

---

① 么 底本作“末”，据下文改。下文径改。

第二章 ○

骈散兼宗派文体分类述评

萧统底《文选》是一部总集，不是一部专论文体的书；任昉底《文章始》,《隋志》称有录无书,《唐志》云张绩补，则今存《文章缘起》非任氏原作；故齐、梁时文体论底专著，终当首推刘勰底《文心雕龙》。这部书底著作时代似在齐末，较萧统底《文选》略早。书共五十篇，前二十五篇，每五篇为一卷；第一卷五篇《原道》《征圣》《宗经》《正纬》《辨骚》,《序志》篇所谓“文之枢纽”者，可以说是总论。论文而原之于道、征之于圣，是我国古代一贯的思想、常见的论调。至于“经”，则自西汉以来，已在古籍中占特殊的地位，且既原于道、征于圣，自须宗乎经了；此与总论中所述的各种文体都出于经的主张，正复相同。纬书本起于西汉末哀、平之世；东汉以后，几与经并尊，如《易纬》《书纬》《诗纬》《礼纬》《乐纬》《春秋纬》《孝经纬》等，常为经师所称引。屈原《离骚》为辞赋之祖；两汉文学，赋为最盛，故汉人称之为“离骚经”，是直已跻之于六经之列。何况文人单篇之作，东汉之后方盛；则刘氏把经、纬、骚三类特别提出，不与第二卷至第五卷所列诸体平等齐观，原亦未可厚非。如以《诗》为诗歌，《书》与《春秋》为史,《礼》记礼仪、官制，等于纪传诸史之书、志,《易》谈哲理，有类诸子，当解散经部，分隶子、史、集三部；纬书涉及图谶，非神话之记录，即夸诞之文辞，更不足信;《离骚》本为《楚辞》之一篇，当与汉赋同科，其性质更与经、纬不同；便尔讥评刘氏，斥其不伦，则未免昧于时代古今之别！

《文心雕龙》第二、第三两卷十篇——《明诗》至《谐隐》，是论有韵之“文”的；第四、第五两卷十篇——《史传》至《书记》，是论无韵之“笔”的。这就是《序志》篇所谓“论文叙笔，囿别区分”了。六朝人论文章大都右“文”轻“笔”；刘氏独“文”“笔”并提，所以我在总论中认为他[①]是骈散兼宗的。我们评述这一派底文体论，自当以此书为代表。《文选》是骈文派底不祧之祖,《文心雕龙》是骈散兼宗派底代表。此二书之文体分类，异同如何，我们得把它们列表比较一下：

---

① 他　底本作“它”，据文意改。

《文心雕龙》篇目 自《明诗》至《书记》，凡二十篇。	《文选》分类 凡三十九类。
《明诗》(1),《乐府》(2)	诗(2)子目二十二,“乐府”亦在内。
《诠赋》(3)	赋(1)子目十六，辞(22)
《颂赞》(4)	颂(24)，赞(25)，史述赞(28)
《祝盟》(5) 《辨骚》已列入第一卷。	骚(3)
《铭箴》(6)	铭(32)，箴(31)
《诔碑》(7)	诔(33)，碑(35)，墓志(36)
《哀吊》(8)	哀文(34)，吊文(38)，祭文(39)
《杂文》(9)	七(4)，对问(20)，设论(21)，连珠(30)
《谐隐》(10)	无特立之类，散置“赋”“论”二类中
《史传》(11)	行状(37)《文选》不录史传。
《诸子》(12)	无《文选》不录诸子。
《论说》(13)“序”亦归入此篇。	论(29)，难(19)，序(23)，史论(27)
《诏策》(14)	诏(5)，册(6)，令(7)，教(8)，策(9)
《檄移》(15)	移书(17)，檄(18)
《封禅》(16)	符命(26)
《章表》(17)	表(10)，上书(11)
《奏启》(18)	启(12)，弹事(13)，奏记(15①)
《议对》(19)	无
《书记》(20)	笺②(14)，书(16)

照上表看来,《文选》所分的三十九类，可包括于《文心雕龙》

① 15　底本作“14”，据上文改。

② 笺(牋)　底本作“牍(牘)”，据上文改。

二十篇底篇目中；而《文心雕龙》底二十篇，则如《诸子》《史传》《议对》《谐隐》，非《文选》三十九类所能包举；可见《文心雕龙》底文体分类，较《文选》底文体分类简明而完全。但是《文心雕龙》是文体论底专著,《文选》是总集，二书性质不同。《文选》采录范围，经、史、子既不在内，则诸子、史传之文，自为书中所无。议对、谐隐，亦可散附他类，不特立一目了。

《文心雕龙》类分文体底纲要,《序志》篇中已明白言之。所谓“原始以要终”者，即是藉分类以明文学底流别（其提出“经”“纬”“骚”三类，不使侪于以后的二十类，亦可谓为“原始”）;“释名以章义”者，是解说文体底名称，以明其义，使之名实相符;“选文以定篇”者，是就历代作品收罗个别的例，归纳出这二十篇所举的文体之名;“敷理以举统”者，是求其义理之能普遍、纲目之有系统。无论什么学术，分类时，都当注意所分析的对象底源流变迁；所拟定的名称是否能符其实；以归纳法找出它们底共相、异相，然后决定分类的名称；而且这种分类底原理、原则，应当是普遍的，没有什么例外的，是有系统的，不至于支离凌乱的。所以刘氏底分类法，颇近于现代底科学方法。

但刘氏底分类，也有未能确当者。例如《论说》篇云:“故议者宜言，说者说语，传者转师，注者主解，赞者明意，评者平理，序者次事，引者胤辞；八名区分，一揆宗论。”“议”与“说”，或为议论，或为说明，合为论说，原属确当。至于“传”“注”，便和“论说”体用俱异；赞、评、序、引，则为序跋之文了。他把传、注、赞、评、序、引并入“论说”，却把真是议论文的“诸子”另立一类，不是分合失当了吗？而且《论说》篇中又云：“庄周《齐物》以论为名，不韦《春秋》六论昭列。”《庄子》和《吕氏春秋》不都是子书吗？何以把《庄子》底《齐物论》，《吕氏春秋》底《开春》《慎行》《贵直》《不苟》《似顺》《士容》六论，举作“论说”之例？如以这七篇底篇题都有一“论”字，所以不入“诸子”而入“论说”，则《荀子》底《礼论》《乐论》，篇题也有“论”字，应该入“诸子”呢，还是应该入“论说”呢？可见“诸子”和“论说”，根本不当分为二类。又如“杂文”一名，用为分类底一项，本不妥当；他在《杂文》篇中所举的例，如“对问”“连珠”“七”……实际上都是“赋”底化名；何必于《诠赋》篇外，再立《杂文》一篇？《封禅》和《祝盟》性质也是相同的，不必分二篇论之。“诔”和“碑”，程式用途，均不相同，却并为一篇。章、表、奏、启，名虽不同，体用俱无甚差异，却又分为四类，合成两篇，于名于义，两俱失之。刘氏欲原始要终以明文学底流变，释名章义以定文体底名实，选文定篇以成归纳，敷理举统以立系统，理想原是不错的；可惜他流变未明，名实未核，归纳不能举其全，系统不免失之乱，实际上仍未能达到他自己底理想的目的！

虽然，《文心雕龙》论文体、论修辞，终究是我国文学史上一部名著，其价值决不亚于称史学名著的刘知幾底《史通》。自齐、梁以迄唐之中世，是骈文盛行的时代。及韩愈、柳宗元等反对骈文，提倡散文，称散文曰“古文”，始成骈文、散文二派对抗之局。但在唐代，散文派底势力还不及骈文派。晚唐，李商隐底“四六”文又出来了，骈偶、声律变本加厉。两宋公文即以四六为主。但古文经穆修、欧阳修等提倡，王安石、“三苏”、曾巩等继之，势乃大张。这种骈、散对抗之局，自元、明迄清，依然存在。骈文派所推崇者是《文选》，散文派也别有所宗；这一部文学评论名著《文心雕龙》，因为它是兼宗骈散的，所以没有被人注意，历陈、隋、唐、五代、两宋、元以至于明，竟湮没无闻。明人杨慎始稍稍加以推崇，乃渐为世人所知，但杨氏所以推崇《文心雕龙》，不过悦其“辞采文笔”而已。幸而经他推崇以后，学者、文人渐知此书之可贵，于是有梅庆德、王惟俭等三十余家，为之校注。清人黄叔琳乃得集诸家之说，成《文心雕龙笺释》[①]。李兆洛辑《骈体文钞》，书名虽曰“骈体”，实主骈散不分之论。他在《序例》中曾说：“朴即不文，华即无实。”又云：“天地之道，阴阳而已；奇偶也，方圆也，皆是也。阴阳相并俱生，故奇偶不能相离，方圆必相为用。”又云：“吾甚惜夫歧奇偶而二之者之毗于阴阳也。毗阳则躁剽，毗阴则沉腿，理所必至也；于相杂迭用之旨，

① 黄氏书名为“文心雕龙辑注”。

均无当也。”他底主张兼宗骈散，不是已很明白吗？近人章炳麟论文以魏、晋为归，亦主骈散不分之论，远承刘勰，近同李兆洛。章氏于清末亡命日本，就在那儿讲学，及门者颇多。他们受了章氏底薰陶，故都重视这一部《文心雕龙》。他底弟子黄侃在北京大学讲学，曾著《文心雕龙札记》一书，较黄叔琳底《笺释》，尤为精详。恰值清末至民国初，东、西洋修辞学先后译述，输入我国。我国文士亟思于古籍中得一名著，以相印证，于是龙伯纯、汤振常之流，也竭力推崇这一部论文体修辞的《文心雕龙》了。

骈散兼宗一派，刘勰开其先河，章炳麟为其后劲。章氏既主不分骈散，则他的文体分类，也应于本章中评述其大概。他底《国故论衡》中有一篇《文学总略》。这篇文章，曾在《国粹学报》中发表过，原题是《文学论略》，里面有一个文章分类表，摘录如左：

（一）无句读文——又分四类:（1）图书,（2）表谱,（3）簿录（自注：簿录与表谱殊者，以不皆旁行缀系故）,（4）算草。

（二）有句读文——又分二大部：

（甲）有韵文——又分六类:（1）赋颂（无韵之颂，入符命类、序述类）,（2）哀诔（祭文附此）,（3）箴铭（无韵之铭，入款识类）,（4）占繇（如《周易》《易林》《太玄》之属）,（5）古、今体诗,（6）词曲。

（乙）无韵文——又分六门：

（子）学说——又分三类：（1）诸子，（2）疏证（凡随文解义及著书考古，皆属此类），（3）平议（如《史通》《文心雕龙》等史评、文评）。

（丑）历史——又分十二类：（1）记传（《尚书》《帝典》之类亦属此），（2）编年，（3）纪事本末，（4）国别史，（5）地志，（6）姓氏书，（7）行状，（8）别传，（9）杂事（报章中记事亦属此），（10）款识，（11）目录（书目之无说者别入簿录），（12）学案[①]。

（寅）公牍——又分九类：（1）诏诰（《尚书·酒诰》《康诰》之类亦属此），（2）奏议（《尚书》谟、训之类亦属此），（3）文移，（4）批判，（5）告示（一切教令皆属此），（6）诉状，（7）录供，（8）履历，（9）契约（如条约、契、引帖之属；其私立者，入书札类）。

（卯）典章——又分五类：（1）书志（如正史各志及《通典》《通考》之属），（2）官礼（如《周礼》六典、《会典》之属），（3）律例，（4）公法，（5）仪注（经学家说礼专著入疏证类）。

（辰）杂文——又分六类：（1）符命（如封禅、告天、《剧秦美新》、《典引》之属），（2）论说（连珠之类亦

① 案　底本作“业（業）”，据《文学论略》改。

属此),(3)对策,(4)杂记,(5)序述,(6)书札(私订契约亦属此类)。

(巳)小说——不分类。

章氏此表，插在他底《文学总略》中间，以前多为消极的批评，以后则为积极的建设，则其重要可知。他明定“文学”底界义说：“著于竹帛，皆谓之文；论其法式，谓之文学。”只须有文字写在纸上便可谓之“文”，故其所包独广；不但把以前散文派、骈文派所立褊狭的界限都破除了，即没有句读、不成篇章的图书、表谱、簿录及算草，也都包括在内了。“文”底范围，既广大如此，故在“文”之外的，只有口说的言语(“文”和“言”底分别，章氏底《文学总略》颇为注意，大意说，言语如空中飞鸟之迹，文章则可以成面云云)。所以他论文体底分合流变，能把从前经、史、子、集四部底界限打破，使所谓“文”者，不限于“集”；能把从前骈文、散文底界限打破，使所谓“文”者，不限于所谓骈文或古文。这些是他底优点。

但是仔细推敲起来，也还不无缺陷。他底文学界义[①]说：“论其法式，谓之文学。”“其”字，当然指“著于竹帛”的文字而言；论著于竹帛的文字底法式，那不是文法、修辞学、文体论之类，论文章法式之学吗？怎么会是“文学”呢？他以“无句读文”与

① 义　底本作“议”，据上文改。

"有句读文"为"文"之二大纲。如果只要有文字写在纸上，即使是不成句读的，也可以算文章，则小孩子们随手乱涂的不能表示一个意思的文字，也是文章了！其实，章氏所列图书、表谱、簿录、算草四类，或须加有句读的说明，或须借助于别的符号，就它们底本身说，也不是绝对没有句读的，不过和普通的文章形式不同而已。章氏于"有句读文"一纲下，又分"有韵文"与"无韵文"二部门。文章叶韵与否，在古代并没有严格的分界，故无韵的散文中，时有韵语，有韵的诗赋中，时有无韵之作。章氏以韵之有无为标准，分此二部，实属不妥。所以赋颂、箴铭，不得不分隶二部，其捉襟见肘的情形，已显露出来了。"学说"一名，不能成为文体门类之称。且"诸子"中多评论之文，和"平[1]议"已难分别，何况后面"杂文"一门中，又有"论说"一类呢？"对策"虽和"奏议"有别，但考其起源，论其性质用途，终是"公牍"底一种，即退一步说，亦只能认为变相的公牍。至于"杂事""杂记"二子目，不但立名未妥善，且与"杂文"一名相混。这些，不能不说是他底缺点。

① 平 底本作"评"，据上文改。

第三章 ○

散文派文体分类述评

骈文派及骈散兼宗派底文体分类，已评述其大概如上，本章当更就散文派底文体分类加以检讨。宋姚铉[①]底《唐文粹》，虽可推为散文派总集底开山；自宋迄清，散文派底总集虽接踵而兴；但至今仍为一般古文家所奉为圭臬的，终当推姚鼐底《古文辞类纂》及曾国藩底《经史百家杂钞》。这两部书底分类，和《唐文粹》也不无关系。现在先就这三书底文体分类，列表对照，首述《唐文粹》分目之详，再就《古文辞类纂》及《经史百家杂钞》二书，比较评述；庶几三书分类底异同分合，可以明了，而散文派文体分类之得失及其和前二派底比较，皆可窥见一斑了。

① 铉　底本作“弦（絃）”，据史实改。

<table>
<tr><th>《唐文粹》底分类</th><th>《古文辞类纂》底分类</th><th colspan="2">《经史百家杂钞》底分类</th></tr>
<tr><td>论（11）议（12）</td><td>论辨类（1）</td><td>论著类（1）著作之无韵者</td><td rowspan="6">著述门</td></tr>
<tr><td>箴（17）诫（18）铭（19）</td><td>箴铭类（10）</td><td rowspan="3">词赋类（2）著作之有韵者（仅选《诗经》之诗）</td></tr>
<tr><td>颂（3）赞（4）</td><td>颂赞类（11）</td></tr>
<tr><td>赋（1）诗（2）</td><td>辞赋类（12）（不选诗）</td></tr>
<tr><td>序（21）</td><td>序跋类（2）</td><td rowspan="2">序跋类（3）他人之著作序述其意者（无赠序类，序跋类中有赠序四篇）</td></tr>
<tr><td>（无赠序）</td><td>赠序类（5）</td></tr>
<tr><td>檄（7）露布（8）（无诏令册教等）</td><td>诏令类（6）</td><td>诏令类（4）上告下者（私人书牍上告下者亦入此类）</td><td rowspan="4">告语门</td></tr>
<tr><td>表奏书疏（5）状（6）制策（9）</td><td>奏议类（3）</td><td>奏议类（5）下告上者</td></tr>
<tr><td>书（20）</td><td>书说类（4）</td><td>书牍类（6）同辈相告者</td></tr>
<tr><td>文（10）</td><td>哀祭类（13）</td><td>京祭类（7）人告于鬼神者</td></tr>
<tr><td>传录记事（22）</td><td>传状类（7）</td><td rowspan="2">传志类（8）所以记人者（少数碑文分入叙记、杂记）</td><td rowspan="5">记载门</td></tr>
<tr><td>碑（14）铭（15）</td><td>碑志类（8）</td></tr>
<tr><td>（无）</td><td>（无）</td><td>叙记类（9）所以记事者</td></tr>
<tr><td>（无）</td><td>（无）</td><td>典志类（10）所以记政典者</td></tr>
<tr><td>记（16）</td><td>杂记类（9）</td><td>杂记类（11）所以记杂事者</td></tr>
<tr><td>古文（13）</td><td>（无）（并入论辨类）</td><td>（无）（并入论著类）</td><td></td></tr>
<tr><td>共计二十二类</td><td>共计十三类</td><td colspan="2">共计三门十一类</td></tr>
</table>

就上表看来，三书分类底异同分合，已可一目了然。《唐文粹》底分类，虽仅二十二，而每类分项，每项又分子目，实较《文选》更繁。它是上承《文选》，下启散文派的一部总集，为骈、散二派

转捩之枢纽，其分类如何，颇值得我们注意。因详举其所分项目如左：

第一类——赋。又分九项：古赋甲［子目二：（1）圣德类，（2）失德类］，古赋乙（京都类），古赋丙（无子目。所录仅三首：《朝献于大清宫赋》《朝献太庙赋》《有事于南郊赋》。就此三首底性质言之，可称之曰“郊庙”类），古赋丁［子目四：（1）符宝类，（2）象纬类，（3）阅武类，（4）誓师类］，古赋戊（无子目。仅录《海潮赋》一首），古赋己［子目二：（1）名山类，（2）花卉草木类］，古赋庚（鸟兽昆虫类），古赋辛［子目三：（1）古器类，（2）物景类，（3）决疑类］，古赋壬［子目三：（1）修身类，（2）哀乐愁思类[①]，（3）梦类］。

第二类——诗。又分十三项：古调一［子目三：（1）古乐章类，（2）今乐章类，（3）琴操类］，古调二［子目二：（1）楚骚类，（2）效古类］，古调三［乐府辞上。子目九：（1）功成作乐类，（2）古乐类，（3）感慨类，（4）兴亡类，（5）幽怨类，（6）贞节类，（7）愁恨类，（8）艰危类，（9）边塞类］，古调四［乐府辞下。子目七：（1）神仙类，（2）侠少类，（3）行乐类，（4）追悼类，（5）愁苦类，（6）鸟兽花卉类，（7）古城道路类］，古调五（原子目佚；所录凡六十四首，皆古意、古兴之属），古调六［子目二：（1）杂

① 类　底本作“录”，据文意改。

兴类,(2)伤感类],古调七[子目四:(1)怀古类,(2)怀贤类,(3)集会类,(4)饯送类],古调八[子目五:(1)行役类,(2)怀寄类,(3)失意类,(4)疾病类,(5)伤悼类],古调九[子目八:(1)知己类,(2)交友类,(3)规诲类,(4)纪赠类,(5)散逸类,(6)侠[①]少类,(7)登览类,(8)胜概类],古调十[子目三:(1)幽居类,(2)山居类,(3)伤叹类],古调十一[子目九:(1)寺观类,(2)庙社类,(3)边塞类,(4)图画类,(5)古器物类,(6)乐器类,(7)草木类,(8)禽鸟类,(9)道路类],古调十二[子目五:(1)月类,(2)风雨露雪类,(3)江海泉水类,(4)宫禁类,(5)神仙类],古调十三[子目六:(1)感遇类,(2)咏史类,(3)慨叹类,(4)感物类,(5)春感类,(6)秋感类]。

第三类——颂。又分四项:颂甲[子目二:(1)盛德大业类,(2)封禅类],颂乙[子目五:(1)神武类,(2)时政类,(3)丰年类,(4)祥应类,(5)高世类],颂丙[子目六:(1)古贤宰类,(2)良牧类,(3)兴利类,(4)灵迹类,(5)高道类,(6)宗理类],颂丁[子目二:(1)祠祀类,(2)监牧类]。

第四类——赞。又分二项:赞上[子目三:(1)帝王类,(2)将相功臣类,(3)庶官类],赞下[子目九:(1)孝子类,(2)古贤类,(3)名臣类,(4)浮图类,(5)图画类,(6)鸟类,(7)绝

① 侠 底本作“狭”,据上文改。

艺类,（8）雅乐类,（9）桥梁类]。

第五类——表奏书疏。又分五项：表奏书疏甲[子目八:（1）尊号类,（2）肆赦类,（3）政事类,（4）献事类,（5）配祭类,（6）教化类,（7）削爵类,（8）抑外戚类]，表奏书疏乙[子目三:（1）政事类（录三首，皆谏书）,（2）传导[①]类,（3）崇儒类]，表奏书疏丙[子目五:（1）大葬类,（2）庙号类,（3）进贡类,（4）佛寺类,（5）边事类]，表奏书疏丁[子目七:（1）政事类（与甲乙二项之政事类不同）,（2）学校类,（3）巡[②]案类,（4）罢兵类,（5）寺观类,（6）关市类,（7）亢旱类]，表奏书疏戊[子目五:（1）复位类,（2）去滥赏类,（3）去滥刑类,（4）弹奏类,（5）诛戮类]。

第六类——状。又分二项：状上（子目缺），状下[子目二:（1）兵[③]机类,（2）论功类]。

第七类——檄。此类不分项，亦无子目。

第八类——露布。此类亦不分项，无子目。

第九类——制策。此类亦不分项，无子目。

第十类——文。又分四项：文甲[子目八:（1）践祚类,（2）封禅类,（3）祝寿类,（4）告谢类,（5）徽[④]号类,（6）肆赦类,

① 导（導） 底本作“道”，据《唐文粹》卷二六改。
② 巡 底本作“逃”，据《唐文粹》卷二七改。
③ 兵 底本作“立”，据《唐文粹》卷三〇改。
④ 徽 底本作“征（徵）”，据《唐文粹》卷三一改。

（7）戒厉类,（8）恕死类]，文乙[子目四:（1）帝王谥册类,（2）帝王哀册类,（3）后妃谥册类,（4）后妃哀册类]，文丙[子目六:（1）吊古类,（2）雷霆类,（3）军政类,（4）畏途[①]类,（5）祛疠[②]类,（6）责檄类]，文丁（伤悼类）。

第十一类——论。又分五项：论甲[子目六:（1）天类,（2）帝王类,（3）封禅类,（4）封建类,（5）兴亡类,（6）正统类]，论乙（辨析类），论丙[子目四:（1）文质类,（2）经旨类,（3）放君类,（4）让国类]，论丁[子目四:（1）兵刑类,（2）临御类,（3）谏诤类,（4）嬖惑类]，论戊[子目四:（1）前贤类,（2）失策类,（3）降将类,（4）佞臣类]。

第十二类——议。又分四项：议甲（陵寝类），议乙[子目四:（1）明堂类,（2）雅乐类,（3）车服类,（4）刑辟类（按《四部丛刊》本《唐文粹》脱此项。今补）]，议丙[子目二:（1）谥议类,（2）古诸侯世子谥议类]，议丁（历代是非类）。

第十三类——古文。又分八[③]项：古文甲[子目四:（1）五原类,（2）三原类,（3）五规类,（4）二恶类]，古文乙（子目佚；所录计《复性书》三篇、《平赋[④]书》一篇），古文丙（子目亦佚；所录凡六十七篇，其中六十篇为隐书，四篇为古渔父，三篇为时

① 途　底本作“涂（塗）”，据《唐文粹》卷三三改。
② 疠　底本作“厉”，据《唐文粹》卷三三改。
③ 八　底本作“九”，据实际项数改。
④ 赋　底本作“复（復）”，据《唐文粹》卷四四改。

议），古文丁［子目二:（1）言语对答类,（2）经旨类］，古文戊［子目三:（1）读类,（2）辩[①]类,（3）解类］，古文己［子目二:（1）说类,（2）评类］，古文庚［子目三:（1）符[②]命类,（2）论兵类,（3）析微类］，古文辛［子目三:（1）毁誉类,（2）时事类,（3）变化类］。

第十四类——碑。又分十七项：碑一（岳渎祠庙类），碑二［子目三:（1）圣帝类,（2）先圣类,（3）大儒类］，碑三（子目佚；所录[③]凡五篇，皆关于神灵异迹），碑四［子目六:（1）高世类,（2）义士类,（3）忠烈类,（4）忠臣类,（5）纯臣类,（6）烈女类］，碑五［子目三:（1）古迹类,（2）土风类,（3）遗爱类］，碑六［子目三:（1）贞义类,（2）奸雄类,（3）英杰类］，碑七（子目佚；所录计公主三篇、丽妃一篇），碑八（宰辅类），碑九［子目二:（1）使相类,（2）节制类］，碑十［子目二:（1）庶官类,（2）牧守类］，碑十一（纪功类），碑十二（家[④]庙类），碑十三（释类甲），碑十四（释类乙。此项子目原佚，今按上、下二项补），碑十五（释类丙），碑十六（释类丁），碑十七（释道类）。

第十五类——铭。又分五项：铭甲（名迹类），铭乙［子目七:（1）高道类,（2）忠孝类,（3）暴虐类,（4）浮图类,（5）桥

① 辩　底本作“辨”，据《唐文粹》卷四六改。
② 符　底本作“禄”，据《唐文粹》卷四八改。
③ 录（録）　底本作“余（餘）”，据上文改。
④ 家　底本作“太”，据《唐文粹》卷六〇改。

梁类，(6) 宅井类，(7) 冢类]，铭丙[子目二：(1) 宰辅类，(2) 节制类]，铭丁[子目三：(1) 庶官类，(2) 牧守类，(3) 贤宰类。附诔、表、述]，铭戊[子目三：(1) 命妇类，(2) 贤母类，(3) 隐居类。附版文、诔、表]。

第十六类——记。又分七项：记甲[子目四：(1) 古迹类，(2) 陵庙类，(3) 水石岩穴类，(4) 外物类]，记乙(府署类上)，记丙(府署类下)，记丁(堂楼亭阁类)，记戊[子目五：(1) 兴利类，(2) 卜胜类，(3) 馆舍类，(4) 桥梁类，(5) 井类]，记己[子目二：(1) 浮图类，(2) 灾沴类]，记庚[子目四：(1) 谳[①]会类，(2) 谳犒类，(3) 书画琴古物类，(4) 种植类]。

第十七类——箴。此类不分项，亦无子目。

第十八类——诫。此类亦不分项，无子目。

第十九类——铭。此类为物铭；亦不分项，无子目。

第二十类——书。又分十五项。书一(论政类)，书二(论兵类上)，书三(论兵类下)，书四[子目二：(1) 论易类，(2) 论书类]，书五(论史类)，书六[子目六：(1) 论选举类，(2) 论谏诤类，(3) 论仕进类，(4) 论虚无类，(5) 论法乘类，(6) 论服饵类]，书七(论文类上)，书八(论文类下。启附)，书九[子目二：(1) 荐贤类，(2) 师资类]，书十(自荐类上)，书十一(自

---

① 谳(讞) 底本作“讲(講)”，据《唐文粹》卷七七改。

荐类中），书十二（自荐类下），书十三（无子目），书十四［子目二:（1）激发类[①],（2）忿恚类］，书十五［子目三:（1）切磋类,（2）规诲类,（3）谕类］。

第二十一类——序。又分八项：序甲（集序类），序乙（文集序类上），序丙［子目二:（1）文集序类下,（2）后序类］，序丁［子目五:（1）天地类,（2）修养类,（3）博弈类,（4）鸟兽类,（5）果实类］，序戊［子目二:（1）著撰类,（2）唱和联题类］，序己（歌诗类），序庚［子目二:（1）锡宴类,（2）谦集类］，序辛（饯别类。赠序入此类）。

第二十二类——传录记事。又分二项：传录记事上［子目六:（1）题传后类,（2）忠烈类,（3）隐逸类,（4）奇才类,（5）杂技类,（6）妖惑类］，传录记事下［子目三:（1）录类,（2）记事类,（3）五纪类］。

由上所录观之,《唐文粹》分类之繁细，较《文选》有过之，无不及；但与第一章所列《文选》类目仔细比较，则虽有增减分合，而其分类法之息息相关，也很明白。但《唐文粹》于赋则曰“古赋”，于诗则曰“古调”，其选录标准之不主骈而主散，于此可见。《文选》仅“赋”“诗”二类分子目,《唐文粹》则二十二类，几各分项分子目；可见前者以“赋”“诗”二类为主要类

① 《唐文粹》此后有“哀鸣类”。

目，后者则各类一律平等。《唐文粹》底类目中，最奇怪的，是特列“古文”一类。他所以不愿“古文”一名不能和其他二十一类平列，而特列此类者，也无非要表示他底侧重散文的主张。所以《唐文粹》一书，是从骈文派转为散文派底枢纽。我所以不惮烦地把它底类、项、子目，详细记录，便是希望读者能把它和《文选》作一比较，看出变迁底痕迹来。不过，以分类得失而论，它实在太繁琐了。许多子目，都以题材不同而分，确是不必，而且不适于区别文体的。“古文”一类，尤属不伦不类；看它底子目，几乎都可分别并入他类，何必特立这一类呢？

《古文辞类纂》能以十三类概括《唐文粹》繁琐的类目，确是散文派文体分类之一大进步。《经史百家杂钞》又加以整理，分为三门十一类，尤觉纲举目张。二书所以至今尚为古文派最有权威的总集，并不是偶然的！现在再就二书底选录范围①、分类异同，作一比较。

（一）选录底范围。姚、曾二氏皆主古文，故其选录底范围，皆以散文为限。这一点是相同的。姚氏不选“经”“史”“诸子”，却与萧统底《文选》一致。故《序例》于论辨类，则云“今悉以子家不录”；于序跋类，则云“余撰次古文辞，不载史传”；于奏议类，则云“其载《春秋》内、外传者不录”。曾氏《经史百

① 范围　底本作“围范”，据下文改。

家杂钞序》云：“溯古文所以立名之始，乃由屏弃六[1]朝骈俪之文，而返之于三代、两汉。今舍六经而降以相求，是犹言孝者敬其父、祖而忘其高、曾，言忠者曰‘我家臣耳，焉敢知国’，将可乎哉？余钞纂此编，每类必以六经冠其端；涓涓之水，以海为归，无所于让也。”又云：“余今所论次，采辑史传稍多。”盖曾氏于“经”“史”“子”三部之文，概列之于选录范围之内。这一点是相异的。姚、曾二氏都只选文，不选诗，和《唐文粹》之诗、文并录者异。这一点又是相同的。曾氏每类必以六经冠其端，故词赋类选录《诗经》很多，哀祭类亦录《秦风》底《黄鸟》，这又和姚氏不同了。姚氏古文义法、宗派门户之见，较曾氏为严，故唐以后除所谓“八大家”外（韩愈、柳宗元、欧阳修、王安石、曾巩、苏洵、苏轼、苏辙），唐则仅选李翱，明则仅选归有光，清则仅选方苞、刘大櫆之文而已。曾氏则唐之元结、陆贽，宋之司马光及理学诸儒，与元之马端临等之文，亦皆入选。故以选录范围论，曾氏较姚氏为广。

（二）分类异同。姚、曾二氏分类底不同，可分四端言之：一曰“增删”。姚氏所无，曾氏增之者，为“叙记”“典志”二类。《经史百家杂钞》“叙记”类所选之文，除《尚书·金縢》《顾命》及韩愈《平淮西碑》三篇外，全为《左传》《通鉴》之文。《尚书》

① 底本“六”前衍“立”，据《经史百家杂钞今注》（P.1）删。

《左传》为经,《通鉴》为史，姚氏不选经、史，自然没有叙记类了。典志类，曾氏所选，计《尚书·禹贡》一篇,《周礼》四篇,《仪礼》三篇,《礼记》二篇，都是经;《史记》《汉书》《唐书》《五代史》都是史；此外，仅有曾巩底《越州赵公救菑记》《序越州鉴湖图》。姚氏当然也没有这一类。姚氏所有，曾氏删之者，为“赠序”类。曾氏认赠序为序跋之变体，本为赠别之诗歌作序，故仅于序跋类中，选录赠序四篇（韩愈底《赠郑尚书序》《送李愿归盘谷序》《送王秀才埙序》、欧阳修底《送徐无党南归序》）；无送别之诗而作序以赠人者，曾氏本认为“骈拇枝指，或皆可以不陈”的（见《书归震川文集后》）；至于寿序、贺序等，则曾氏直斥为“天地间不当有此文体”（见《答吴南屏书》）；故毅然删去“赠序”一类。按之实际，赠序是序跋之变体，无诗而徒有序的文是赠序之变体，寿序则更是变体之变体。姚氏极其变，曾氏原其始，也各有相当的理由。二曰“分合”。“传状”“碑志”，姚氏分为二类，曾氏合为“传志”。曾氏谓“传志”为“所以记人者”，故并入“传志”者，仅是记人的墓碑、墓志之类。记事之碑，如韩愈底《平淮西碑》，则入“叙记”；如韩愈底《处州孔子庙碑》、苏轼底《表忠观碑》之类，则入“杂记”。此其一。“颂赞”“箴铭”，姚氏分立二类；曾氏则并于“词赋”。曾氏以“著作之有韵者”为词赋类之界义；颂赞、箴铭，皆有韵者居多，故并入之。但以性质、用途、作法论，颂赞、箴铭、辞赋三类，实迥不相同。且

“辞赋亦有无韵者”，姚氏已于《古文辞类纂序》中明白言之；曾氏底界义，已根本不能成立。所以合姚氏底颂赞、箴铭、辞赋三类为“词赋”类，正是曾氏不及姚氏之处。此其二。这二点是荦荦大者。余如名称之异（如“论辨”与“论著”,“书说”与“书牍”……），次席之不同，则是小节了。

曾氏以“著述”“告语”“记载”三门统摄十一类，虽本之真德秀底《文章正宗》（见前总论），不能不认为他底优点。每类下一界义，使读者明了各类底意义和特征，也是他底长处。可惜他所下的界义，未能妥当而已。例如他以著作之无韵、有韵，为“论著”与“词赋”二类底区别，不知古人论著中也有韵语，辞赋也有不用韵的，此在上文，已屡及之。即以他所选的，列于“论著”之首的《尚书·洪范》而论，中间便有一段韵语：“无偏无陂，遵王之义；无有作好，遵王之道；无有作恶，遵王之路；无偏无党，王道荡荡；无党无偏，王道平平；无反无侧，王道正直。”他又以“他人之著作，序述其意者”为“序跋”类底界义，却没有顾到序跋中底“自序”。他所选的，如《史记》《汉书》《后汉书》《五代史》《说文解字》诸序，不都是作者底自序吗？如以他所下的界义衡之，便不能算是序跋之文了！“诏令”“奏议”是公文书，“书牍”是私文书，这本为极显明的事实。曾氏却仅着眼于发文、收文两方地位底高低[①]，以“上告下”“下告上”“平辈相

① 低 底本作“底”，据文意改。

告”为这三类文体底界义，故马援《诫[1]兄子书》、郑玄《诫子书》，亦列入“诏令”类。但“奏议”类中，又不选私人函牍，如吴质《答魏太子笺》、苏洵《上韩枢密书》等下告上之私函，又仍入“书牍”类中，不是自乱其例吗？

姚氏《古文辞类纂序》颇能每类各溯其原始，显其特征。如以“论辨”为“原于古之诸子”，较之《文心雕龙》以《论语》为“论说”之始，确当得多。如谓“辞赋”重在假说事实，义主托讽。如于战国说士之辞，分别为二类：委质为臣时，则入“奏议”；其已去国，或说异国之君，则入“书说”。如“奏议”类别“对策”为下编，两苏应制举时所进“时务策”，又以附“对策”之后。如“碑志”类，别“墓志”为下编。这些都是他底优点。但也有不无可议的。例如他于“赠序”类，引老子、颜渊、子路、鲁君赠言底故事，以为赠序底起源。不知古人所赠，是“言”，不是“文”，更不是“序”。他又说：“唐初赠人，始以序名；至于昌黎，始得古人之意[2]。”按，傅玄已有《赠扶风马钧序》、潘尼已有《赠二李郎诗序》，则赠人以文而以序名，不始于唐。赠序本为赠别之诗歌作序，唐人所作如孙逖《送纪参军序》、张说《送韦侍郎序》等，皆明言为序赠别之诗歌而作。韩愈集中，赠序甚多，亦有明言为赠别的诗歌作序者，而无诗之赠序已居多数；与其说

① 诫　底本作“戒”，据下文改。下文径改。

② 意　底本作“体（體）”，据《古文辞类纂评注·姚鼐原序》（P.16）改。

他“始得古人之意”，倒不如说他“始变古人之体”，较为确当。这却是姚氏底短处了！

总之，以古文底义法、古文家底家法而论，则曾氏不如姚氏底谨严；以选材底范围而论，则姚氏不如曾氏底广博。现代学校教育，学科繁多，学生决没有时间去阅读整部的经、史、子（学生应否读经、史、子专书，是另一问题），则阅读《古文辞类纂》，自不如阅读《经史百家杂钞》。不过《经史百家杂钞》不但不选唐人传奇小说，元、明、清人章回小说……并骈文、诗歌、词曲、语录，明前、后“七子”及小品文……亦概遭屏弃，则欲藉曾书以明了历代文章底流变与体类，亦尚嫌其范围犹狭，体例不全，何况姚氏底《古文辞类纂》呢？但是这个问题，与文体论没有直接的关系，不必再去详说。

第四章

新派文体分类述评（上）

骈文派、骈散兼宗派、散文派，所谓旧派底文体分类，已评述如上；兹当进而评述所谓新派的文体分类。新派的文体论自清末即已输入，但直接采自西洋者少，间接采自日本者多。其能兼采东西洋之文体论，并参以旧说，根据科学的基础，自立一说者，自更少了。

清末，龙伯纯作《文字发凡》，论文体分类，约之可为三组：

甲组——基于思想之性质者。分四[①]大类：

第一类：记事文。记事文者，记人、记物者也。又分二种：（一）科学的记事文，（二）美术的记事文。

第二类：叙事文。叙事文者，历叙连续之事实、行动之变化者也。又分三种：（一）传记，（二）历史，（三）小说。

第三类：解释文。解释文者，说明事理之所以然，与以科学

① 四 底本作“三”，据实际类数改。

的知识者也（此类不分子目）。

第四类：议论文。议论文者，论述道理，引人[①]坚信，使人感化之文也（此类亦无子目）。

乙组——基于表示感情、思想者。分二大类：

第一类：主观的文体。又有三种分法：（一）以外形分者，（二）以著者分者，（三）以时代分者。

第二类：客观的文体。又有二种分法：（一）以思想分者，（二）以言语分者。

丙组——无说明。又分四类，每类各有子目，子目下有说明。

第一类：叙事类，分子目十五：（一）“序”：序其始末，以明事物。序以直达为贵。（二）“记”：记其事理，必具始末。记事以方整为贵。（三）“传”：传述其事，以示后人。传以核实为贵。（四）“纪”：编年纪事。纪以切要为贵。（五）“录”：实录、总录、附录、杂录。录以质实为贵。（六）“志”：记载故实。志以详明为贵。（七）“碑”：刻以纪功；五品以上墓志。碑以哀慕为贵。（八）“志铭”：记载行实。（九）“述”：述先人之行实。（十）“碣”：记述小事；六品以下墓志。（十一）“表”：或列表以明事，或树表以题墓。表以简明为贵。（十二）“状”：实录事状。（十三）“谱”：列具其详，世谱、人谱，以明事物。（十四）“注”：详具事实。

① 人 底本作“入”，据文意改。

（十五）“引”：大略如序，稍简短。

第二类：议论类，分子目二十六：（一）“议”：切事而议，奏议、杂议是也。议以切事、处置得当为贵。（二）“论”：穷理之论。论以反复能尽事情为贵。（三）“说”：说明其理。说以说理明白、不烦注解为贵。（四）“解”：解释义理，解书难。解以解[①]义明白、题意朗然为贵。（五）“辨”：辨析事理。（六）“义”：解说经义。（七）“赞”：赞美功德。赞以切实为贵。（八）“箴”：箴刺过恶。箴以惩创严切、使人痛心为贵。（九）“铭”：铭器自儆。（十）“戒”：预说警戒；戒喻、杂喻。戒以严切不可犯为贵。（十一）“约”：约信之辞；规约、契约。（十二）“规”：规谏过失。（十三）“喻”：晓喻之文。喻以明切使人心解为贵。（十四）“题”：题图籍之首。（十五）“跋”：跋图籍之后。跋以系尾简当又能发明为贵。（十六）“奏”：奏事天子。疏、劄、奏以事体明白而能感应为贵。（十七）“弹”：台评弹劾，严正纠劾。以奸恶不可走脱为贵。（十八）“表”：明表、陈情表、陈表、请表、劝表、谏表。表以能通下情、切当不冗长为贵。（十九）“状”：奏状、功状、荐人状。状以事迹明白、与律令相合为贵。（廿）“劄”：书劄奏事。（廿一）“书”：书写事情。书以条达从人之所好为贵。（廿二）“对”：答问之辞。（廿三）“连珠”：属辞托讽。（廿四）“原”：

① 解　底本作“破”，据《文字发凡》卷四改。

原理之本。以[①]原理精严、直造本原为贵。（廿五）“笺”。（廿六）“释”：解之别名也。

第三类：辞令类，分子目十二：（一）“诏”：天子诏敕。诏以诏宣德威，宣其正大、尊严、仁爱之心为贵。（二）“诰”：命官之辞。内制、外制，告示上意。诰以严正而轻重得宜为贵。（三）“册”：册令之辞。（四）“榜”：示众之辞。（五）“教”：大臣告下之辞。（六）“誓”：誓众之辞。（七）“启”：陈示上官，启发所言。以安详而不失体为贵。（八）“简”：简牍传情，传达事意。以简要分明为贵。（九）“檄”：军书示威，飞达军情。以有雄健之气[②]、使人感动为贵。（十）“露布”：知军得胜之书也。（十一）“祝”：告神之辞。（十二）“盟”：盟神之辞。

第四类：诗赋[③]类，分子目六：（一）“诗”：分古体、近体等类。（二）“辞”：间于诗、文之间者也。（三）“赋”：如《赤壁赋》之类。（四）“风”：《诗》“六义”之一[④]。（五）“雅”：亦“六义”之一。（六）“颂[⑤]”：亦“六义”之一。

龙氏所列三组，并不是他类分文体的三大纲，而是类分文体的三种不同的说法。乙组所谓“基于表示感情、思想者”，大概

① “以” 底本脱，据文意补。
② 雄健之气 底本作“雄之健气”，据《文字发凡》卷四改。
③ 赋 底本作“语”，据《文字发凡》卷四改。
④ “六义”之一 底本脱，据《文字发凡》卷四补。
⑤ 颂 底本作“雅”，据《文字发凡》卷四改。

就是“以表示感情、思想的方法为根据的”；但以此为根据，而分出“主观的”“客观的”二种文体来，则殊使人百思不得其解；而且“主观的文体”又有“以形式分者”“以作者分者”“以时代分者”三类，“客观的文体”又有“以思想分者”“以言语分者”二类，则更难想像其所谓“主观”“客观”底意义。旧时将文章分类，原有“以形式分者”，如骈文与散文，律诗与绝诗，有韵文与无韵文等；也有“以作者分者”，如徐陵庾[①]信体，何景明李攀龙体等；也有“以时代分者”，如建安体，黄初体等；也有“以言语分者”，如语体文与文言文，国语文与各种方言写成的文章；但这些实与文体分类关系甚少。什么叫做“以思想分者”，则竟令人无从想像。据龙氏本书所说，则以思想分，有“实用文”（指记录文、说明文）与“美文”（指诗歌、小说、戏曲）与“实用的美文”（指议论文、劝戒文、庆吊文）。这种分类法，怎么能说它是“以思想分”？至于第三组所列，完全是零碎地、凌杂地叙述旧派底文体分类。他所分的四类，不过就曾国藩底三门加了一类而已。“叙事类”即“记载门”，“辞令类”即“告语门”，“议论类”即“著述门”中除去“词赋类”，“诗语类”即就“词赋类”扩充而成。最怪的是，奏、弹、表、状、劄、书……不入辞令类而入议论类。至于所分子目之繁冗杂乱，所加说明之不得要领，只须就前面所

① 庾 底本作“廋”，据史实改。

列仔细审阅一过，便可了然。他后面两组所说，多取之日人山岸辑光底《汉文典》，并非自己就我国固有的文体论中整理研究得来的。好在他底主旨，原在第一组底分类，后面两组本可存而不论。

汤振常底《修词学教科书》便只叙龙氏底第一组分类；所列四类及第一、第二两类下所分子目，也完全相同。不过他于所列四类每类下一条定义，却比龙氏简明得多。汤氏说："（一）记事文：记人与物之体态者；（二）叙事文：叙述动作或事件者；（三）解释文：解析各事物者；（四）议论文：说明事理，感动人之意志者。"可见那时所谓新派底文体分类，大致是相同的。龙、汤二氏同是取的日本人武岛又次郎《修词学》之说，故意完全相同。

民国三十年来，新派底文体论虽然盛行，而论[①]文体的专著，则并不多见。近人高语罕底《国文作法》中，也曾论到文体底分类。兹撮录其纲目如左：

第一，叙述文。又分二类：

（甲）历史的叙述文——所叙述的是史事、传说，或亲闻见的事实。又分四子目：（一）叙述历史上的事迹；（二）叙述得自传说轶闻的事迹；（三）叙述亲历的或亲见亲闻的事实；（四）叙述假借的事实。

（乙）虚构的叙述文——所叙述的是理想的事实。又分二子目：（一）所叙述的事实，纯出想像，而为事实上所不能有的；

① 论　底本脱，据文意补。

（二）所叙述的事实，虽亦出于想像，而事实上有实现的可能的。

第二，描写文。亦分二类：

（甲）科学的描写文——用科学的方法描写者。

（乙）艺术的描写文——用艺术的方法描写者。

第三，解说文。又分五类：

（甲）演说录或讲义；（乙）疏证文；（丙）说明书；（丁）学理的解说文；（戊[①]）历史的解说文。

第四，论辩文。又分四类：

（甲）论说文——是对于一个问题，发表一种主张的；

（乙）批评文——是对于事物底性质、功用、效率、善恶，下批评的；

（丙）辩驳文——是对于别人底主张表示赞成或反对，或答辩别人反对自己主张的言论的；

（丁）诱导文——是对于个人或团体，发表劝导或忠告的。

高氏之说，想系直接采自西洋。因为西洋最普通的作文法、修辞学等教科书中，也往往分文章为四类：（一）Narration，（二）Discription，（三）Explanation，（四）Argumentation，恰和高氏所举“记叙”“描写”“解说”“辩驳”四类相合。其实，高氏底四类，和龙、汤二氏底分类，也可以说是大同小异。龙、汤二氏把“记叙文”分为“记事文”“叙事文”二类，没有“描写文”

① 戊　底本作“戍”，据文意改。

一类；而“记事文”一类中又分“科学的记事文”“美术的记事文”二目，正与高氏“描写”类底二子目相同。大概龙氏、汤氏都采日人武岛又次郎之说，而武岛氏又系采自西洋，其来源本和高氏一样，也未可知。

梁启超底《中学以上作文教学法》，虽非专论文体之书，但也说到文章底分类。他以为文章种类，可从思想底路径区分：（一）以客观的吸进来的事物为思想内容者，这是从五官所见所闻……吸收进来的；（二）以主观的发出来之意见为思想内容者，这是从心里面发出来的。第一种是记述之文，第二种是论辩之文。他认为世间文章不外此两种。他既立此二大纲，又各分项目；今表列如左：

<table>
<tr><td rowspan="4">第一类
记述之文</td><td rowspan="2">记静态的</td><td>静中之静——如书籍提要、记画、记建筑等。</td></tr>
<tr><td>静中之动——如记一刹那的风景等。</td></tr>
<tr><td rowspan="2">记动态的</td><td>动中之静——如做已死的人底传状。</td></tr>
<tr><td>动中之动——如记尚在进行中的战事。</td></tr>
<tr><td rowspan="5">第二类
论辩之文[1]</td><td colspan="2">说喻——对个人，或某部分人，发表意思，劝其信从。</td></tr>
<tr><td colspan="2">倡导——对全国人，或全世界人，标举主义，使其信从。</td></tr>
<tr><td colspan="2">考证——或纯粹考证事理，或以为说喻、倡[2]导、批评、对辩之根据。</td></tr>
<tr><td colspan="2">批评——批评他人底主张或著作。</td></tr>
<tr><td colspan="2">对辩——或答复他人底批评，或自己假设问答。</td></tr>
</table>

① 文　底本作“类”，据上文改。

② 倡　底本作“唱”，据上文改。下文径改。

梁氏虽分二纲九目，但细按之，则所谓“记静态”的记述之文，即一般人所谓“记事文”或“描写文”；“记动态”的记述之文，即一般人所谓“叙事文”；“说喻”“倡导”“考证”，即一般人所谓“解释文”或“说明文”；“批评”和“对辩”方是正式的“论辩文”。所以和龙、汤、高三氏底分类，实际上并没有什么大差别。

旧派底文体类别，是以文章的程式、用途分的；新派底文体类别，是以文章底作法分的。分类底标准既异，所分之类自不能同。梁启超底《中学以上作文教学法》，本是一篇论教学作文方法的讲演稿，采用以[①]作法分类的方法，自然便利得多。但以此为可以概括一切文章底体类，即未尽然。而且他们所谓“描写”，只能说是一种作记叙文底技术；记静态的记事文固然需用描写的技术，记动态的叙事文，无论传人叙事，能把人底个性特状、事底细微曲折，写得惟妙惟肖的，又何尝不是“描写”？所以它是作记叙文底细腻、精巧的技术，而不是一种文体。“说喻”“倡导”“考证”，是作者站在自己底立场，单方面阐发他底见解，而使人信、使人从的，故用“解绎”或“说明”的作法。“批评”“对辩”，则作者底对面还有被批评或须对辩的对方，即使是作者假设问答，定有对方存在，不但须“能立”，并须“能破”，故用辩论的作法。但

① 以　底本作“的”，据上文改。

是无论是“说喻”“倡导”，是“批评”“对辩”，必须有充分明确的理由与证据，方能使人信从、使人折服，这就需要“考证”了。所以其余四类论辩文中，常用到考证。反过来说，则“说喻”“倡导”之文，要人信从，也常要用到“批评”或“对辩”，去破人以自立；“批评”“对辩”之文，如其不但要使人信，并且要使人从，也得用到“说喻”或“倡导”。所以“说明”“论辩”二种作法，也不是可以绝对分开的，更不是互相排拒的了。而且这些分类，普通记叙人物、论说事理的文章，虽然已可包举，抒写情感的诗文，却无从安顿。所以梁氏那篇讲演稿由中华书局出版时，便在后面附了一篇《中国韵文里头所表现的情感》（这是梁氏在清华学校文学社的讲演稿）。但是表现情感的岂仅韵文？从前东南大学底暑期学校印行这篇讲演稿时并不是着眼在文体底分类；如读者误认为这两篇文章即可包举我国底文体，便是铸成大错！有人说，高语罕氏所谓“艺术的描写文”，便指描写情感的抒情文。但试翻过来想一想：描写人物状态的文章都是“科学的描写文”吗？倘若不是，便可反证“艺术的描写文”不能代表抒情文了。

蔡元培氏没有论文体分类的专著，不过在民国八年“五四运动”之前发表的《论国文的趋势》与《国文之将来》二文中，曾提及文章底分类。他认为文章可分二大类：（一）实用文，又分二种：（1）说明的实用文；（2）记载的实用文；（二）美术文，又分三种：（1）诗歌，（2）小说，（3）戏剧。蔡氏所谓“实用文”，即指普通的散文而言；他所分列的二类，“说明的实用文”即梁氏所谓“论辩之文”，“记载的实用文”即梁氏所谓“记述之文”。其以“诗歌”“小说”“戏剧”为美术文平列的三目，也和日本一般的文学概论目此三类为“纯文学”，和其他“杂文学”相对立，正复相同。日人加藤咄堂底《实用修词学》，分文体为二大类:（一）达意文，又分二目:（1）叙记文,（2）解说文和论议文;（二）美文，又分三目:（1）叙事诗,（2）抒情诗,（3）戏曲。也和蔡氏大同小异。蔡氏本不是专作文体分类底研究，不过于论国文将来的趋势时，为便于称说起见，采用日人底分类，略加改变，但其范围却较上述各家为广了。

近人刘永济氏底《文学论》第二章中，论及文体分类，则采美国人 Moulton 氏之说，另作一种分类。兹列为一简表如左：

类例 性质	第一类　属于学识之文	第二类　属于感化之文
描写者	如史传、碑志、水经、地志、典制、制造之属。	如记游记事之诗歌、辞赋、乐府、词、曲、小说等。
表演者	如彼此告语之书札、布告群众之文字。	如舞曲、杂剧、传奇之属。
反射者	如解析玄义、辩论事理、研究物质之文。	如抒情述志之诗歌、辞赋、乐府及哀祭、颂赞、箴铭之属。

质言之，刘氏所列二类，第一类“属于学识之文”，是属于理智的，也是和蔡氏所谓“实用文”相近；第二类“属于感化之

文”，是属于情感的，也是和蔡氏所谓“美术文”相近。他一方面以内容之属于理智或属于情感为标准，而分为“学识之文”“感化之文”二类；一方面又以“描写”“表演”“反射”三种方法为标准，而各分三项。此种分类法，组织似较完密。但刘氏仅于第二类第一项中列词、曲，便不妥当。因为词及散曲，用以反射作者底情感的，反较描写客观人物的多。第一类第二项中所列的书札、布告，一半是反射作者情感的，一半是反射作者理智的；何以不列于第三项“反射者”中，而反列于第二项“表演者”中，殊令人难于索解！

总之，新派底文体分类，都是以“作法”为标准的。实际上，则往往一篇文章中，可以用各种的作法。例[①]如写给朋友的一封信，向他报告事实，则为“记叙”；向他诉说离情别意，则为“抒情”；为他辨析学理，则为“说明”；和他讨论问题，则为“议论”。如用新派底分类法，则这一封信，毕竟归入那一类好呢？所以“记叙”“说明”“抒情”“议论”等，只可说它们是文章作法底分类，不能用它们作文章体制底分类。

① 例 底本作“列”，据文意改。

第五章 ○

新派文体分类述评（下）

自清末以来，新派底文体分类，可以说是小异大同的；上章所述，已具梗概。惟近人施畸作《中国文体[1]论》颇能于上述诸家之外，自树一帜，故特辟一章述之。

施氏先立一“文章”底界义云：“凡连属中国文字，以表现一完整心象者，谓之中国文章。”人类底心象至多，如思想、感情、知识……皆是。表现心象之具有三：曰动作，曰言语，曰符号。文字为表现心象的符号之一种。文字之外，尚有其他表现心象之符号，如图画、算草等；因为它们是属于另一种符号的，不能谓为“文章”。故云：“章君所列之‘无句读文’皆无独存之性能[2]；然若[3]附于其所应附着之处，则未始非文章之一种。”又谓：

---

① 体　底本作“章”，据本书“绪论”（P.14）改。

② 性能　底本作“可能性”，据《中国文体论》（P.125）改。

③ 若　底本作“非”，据《中国文体论》（P.125）改。

“文章底艺术，惟在如何表现，方可使心象为适度的显示。所谓结构、所谓修辞、所谓体制、所谓描写、所谓神韵气象以及统而言之曰‘美’，亦不外为解决此点而生。此义为一般文章所同具，非只小说、戏曲、诗歌有之。故谓以小说、戏曲、诗歌三者为‘纯文学’，余为‘杂文学’者，乃是不知文章本原之论。”这是施氏文体论底“破”的一方面。

施氏于我国旧派底文体分类说，亦曾加以评述。他认为“其误首在方法”，故力主采用“科学的方法”来分类。科学的方法，重在“分析”与“综合”。施氏既以“表现心象”为文章底唯一的效用，故首先应用分析法以分析吾人底心象。“意志”（Will）为自我底总动力，为吾人一切行动底源泉。无意志，即无心象底表现；同时，亦无所谓“人”底存在。意志之成，有二大因素：曰“情”，曰“理”。前者为动作之“然”，后者为动作之“所以然”。故心象有二大干线：一曰“情念”，一曰“理智”。此二大干线之起点同（皆自“感觉”出发），终点同（终至“意志”，心象之极大的综合）；其过程极复杂，且互相关合，宛如纠缠。惟“情”为热烈的冲动，“理”为冷却的静止；一只明其当然，一则更进而求明其所以然而已。文章之用，既为表现心象，故可视其所表现的心象，而划分为二大类：一为“表现理智的”，一为“表现情念的”。表现理智者，或直接表演之，或假借事物以间接表现之。所以他分文章为三门：（一）“论理文”，为直接表现理性的文章；（二）“记事文”，为假借事物间接表现理性的文章；（三）“抒情文”，为表现情念的文章。这是施氏文体论底“立”的一方面。

施氏根据他底心象分析，及他所著的《中国文学史》中的文章演化表，并参考旧有诸家底文体分类，定文体底新汇类如左：

第一组 表现理智的文章，简称“理智文”。又分二门：

第一门 “论理文”：凡直接表现理智的文章属之。又分三种：

第一种 “论评文”：凡理智之发，出于辨是非者属之。又分二类：

第一类 “议论文”：凡是非之念，由于自我之发动者属之。

第二类 “批评文”：凡是非之念，由于对方之感动者属之。

第二种 “疏证文”：凡理智之发，出于解疑惑者属之。又分七类：

第一类 “传注文”：凡迹坚求通、随文解诂者属之。

第二类 “义疏文”：凡旁衍阐微、总辞解义者属之。

第三类 “序例文”：凡次事胤辞、籀端释例者属之。

第四类 “图谱文”：凡立体建形、图示要略者属之。

第五类 “索隐文”：凡抉索微言、综陈大义者属之。

第六类 “考订文”：凡校审原委、订伪考异者属之。

第七类 “札记文”：凡用在备忘、条记曲说者属之。

第三种 “告语文”：凡理智之发，出[①]于申劝告者属之。

又分四类：

第一类 “教命文”：凡居上位以告下者属之。

第二类 “书说文”：凡在下位以告上者属之。

第三类 “笺牍文”：凡位平衡而相告者属之。

第四类 “赠序文”：凡临别赠言，以申惓恋者属之。

第二门 “记事文”：凡假借事物，间接表现理智者属之。

又分二种：

第一种 “史乘文”：凡假借真实之史事，以表现理智，而求传信于世者属之。又分三类：

第一类“传状文”：凡传人以信于世者属之。

第二类“典志文”：凡传物以信于世者属之。

第三类“叙录文”：凡传事以信于世者属之。

第二种 “小说文”：凡假借虚幻之事实，以表现理智，而务夸示于世者属之。又分二类：

第一类 “志怪小说”：凡假非经验界之人物，以夸示于世者属之。

---

① 出 底本作“属”，据《中国文体论》（P.140）改。

第二类 “人情小说”：凡假经验界之人物，以夸示于世者属之。

第二组 表现情念的文章，简称“情念文”；仅一门。

第三门 “抒情文”：凡表现情念，形用乐句者属之。又分四种：

第一种 “舞歌文”：凡情念发于对比，形式务谐曲调，且拟象以表现之者属之。又分三类：

第一类 “乐府文”：凡音律不求固定，而用专于祭祀、宴享者属之。

第二类 “词令文”：凡音律务求固定，而用不专于祭祀、宴享者属之。

第三类 “戏曲文”：凡音律务求固定，而用离于祭祀，且即其人而扮演之者属之。

第二种 “徒歌文”：凡情念发于自我，形式务谐曲调，而籀写以表现之者属之。又分二类：

第一类 “古今体诗”：凡感物写志，而曲调繁复者属之。

第二类 “古今谣谚文”：凡感物写志，而曲调简单，无精密的结构者属之。

第三种 “咏歌文”：凡情念发于对比，形不拘于曲调，而嗟叹以表现之者属之。又分三类：

第一类　“哀祭文”：凡祝祷鬼神，而嗟叹其冥冥之情者属之。

第二类　“赞颂文”：凡褒扬其德业，而嗟叹其隆正者属之。

第三类　“箴铭文”：凡匡弼意志，而嗟叹其唯恐不及者属之。

第四种　“诵歌文”：凡情念发于自我，形式不依曲调，而籀写以表现之者属之。仅一类：

第一类　“骚赋文”：凡体物写志、不歌而诵者属之。

施氏根据心理学分析心象为“理智”与“情念”二种，因以立文章分类底两大纲：“表现理智”与“表现情念”。又以表现底直接与间接之不同，分表现理智的“理智文”为二门：“论理文”与“记事文”，以与表现情念的“抒情文”平列为三门。三门之下，后分为九种，二十七类。可谓“纲举目张”，有条不紊，且能“持之有故，言之成理”了。

施氏底根据是心理学的心象分析。但是我国底文体则系数千年来演变孳乳而成，其演变，其孳乳，并非单纯地依据作者底心象，用心理学的方法分析的，而是应某时期、某部分[①]人对于某事、某物底需要的。文体论和文法、修辞学、文字学……一样，

① 分　底本作“份”，据本书大多数写法统一。下文径改。

是说明的科学，非轨范的科学；它们底原理、原则、分类……是从许多个别的例子中归纳出来的，并非定了这些原理、原则、类[①]目，去演绎使用的。所以我们研究文体底类别须从繁复杂乱的已有的作品中，去爬梳搜集，整理归纳出一种足资说明的系统来；决不能根据了现代的某种科学原理，定出一种可为轨范的原则或类目来，去强古人以从我。这是事实如此，并不是在理论方面争长絜短的。施氏底文体分类，便有长于理论、不顾事实的缺点。所以在理论方面，似乎有秩序井然的系统；事实方面，却未能尽合。例如他把“论理文”与“记事文”同包括在“表现理智”的“理智文”一组中，并且说“史乘文”是假借真实的史实以表现理智而求传信于世的。孔子作《春秋》，诚然旨在表现他底大义微[②]言，所谓“托之空言，不如见之行事”。所以《孟子》引他自己底话道：“其事齐桓、晋文，其文则史，其义则丘窃取之矣。”借齐桓、晋文之事以见其“义”，恰和施氏所下“史乘文”底界义相合。可是历代书史，都是如此的吗？传状、典志、叙录、墓志……其目的究在记载人事文化（典志是记文化的，施云“传物”，亦嫌含胡）以传信于后世呢？还是在假借人事文化以表现作者自己底理智，传之后世，使人信他底理智呢？至于“小说”，确是不重在所记的人物事实了，但作者所要表现或夸示的，也

① 类（類）底本作“数（數）”，据文意改。
② 底本“微”前衍“微”，据文意删。

未必限于他底[①]“理智”。作史亦然，理智之外，表现作者底情念者，亦往往有之；司马迁底《史记》，便是一个很显明的例子。小说中所表示的情念，那更多了。此其一。又如“告语文”与“论评文”“疏证文”亦平列于“论理文”一门中。告语文中的“笺牍”，不是大部分诉说离情怀念的吗？“赠序”，施氏说它是“临别赠言，以申惓恋”的；惓恋是“情”，还是“理”呢？此其二。施氏类别文体，首分两大组。第二组“表现情念”的，仅“抒情文”一门，施氏以“表现情念，形用乐句”二语为其界义，则此组所录，必为“形用乐句”的抒情文了；质言之，所谓“形用乐句”者，即“有韵之文”。试思：抒情文是否限于有韵之文？如答曰然，将置无韵散文之抒情的书牍、祭文、白话诗等于何地？反之，有韵之文，是否绝无论理、叙事之作？如答曰然，将置说理诗与叙事诗于何地？此其三。施氏于抒情文第一种“舞歌文”中平列“乐府”“词令”“戏曲”三种。戏曲固可说完全是“舞歌”，“乐府”便未必都是歌而兼舞的，只须一检郭茂倩底《乐府诗集》，便可了然。“词令”想指“词”及“散曲小令”而言，那更不能说它们完全是“舞歌”了。“乐府”所以成为诗之特殊的一体，原是因为它们可以合乐；其中原有许多本不合乐的歌谣，采入乐府，方以合乐的；但自汉武以还，则乐府诗当然以合乐为它底特征。

---

① 底　底本作“自论”，据文意改。

至于三国魏晋六朝以后，文人或借乐府歌以咏时事，或仿乐府旧题以成新诗，且有拟乐府、新乐府等，名曰乐府，实已不复合乐者；这是后来的变体。怎么能说乐府是“音律不求固定”的？乐府固多用于祭祀、宴享，但亦非“专”用于祭祀、宴享者。此其四。施氏于“舞歌文”则曰“情念发于对比”，于“徒歌文”则曰“情念发于自我”，似以此为二类之异相。实则舞歌文中之“乐府”与“词令”，用以发抒自我情念，而非发于对比者甚多；反之，则徒歌文中之“古今体诗”，亦多写发于对比的情念；所谓“舞歌”“徒歌”之别，在前者不但合乐，且以兼舞，后者不但非歌而兼舞的，且不合乐，而情念之发于自我或发于对比，并不是它们底异相，可以用作区分底标准的。此其五。余如“古今谣谚”，矢口直陈，谈不到曲调；“古今体诗”，调子也不算繁复，词曲底调子尽有比它们繁复的；今体底绝句，唐时本以合乐歌唱，不能说它们是完全的“徒歌”；祷神的祭文不完全是抒情的；“箴铭”虽是韵文，而“理”重于“情”；“辞赋”不尽有韵……都是显而易见的事实。施氏并非不知道这些事实，不过既提纲分目地建立起这个分类系统，不肯因此割爱，放弃他这“持之有故，言之成理”的分类纲目而已！

施氏《中国文学史》中的《文章演化表》，也是他底文体论底一种重要根据，兹附录其总表于左：

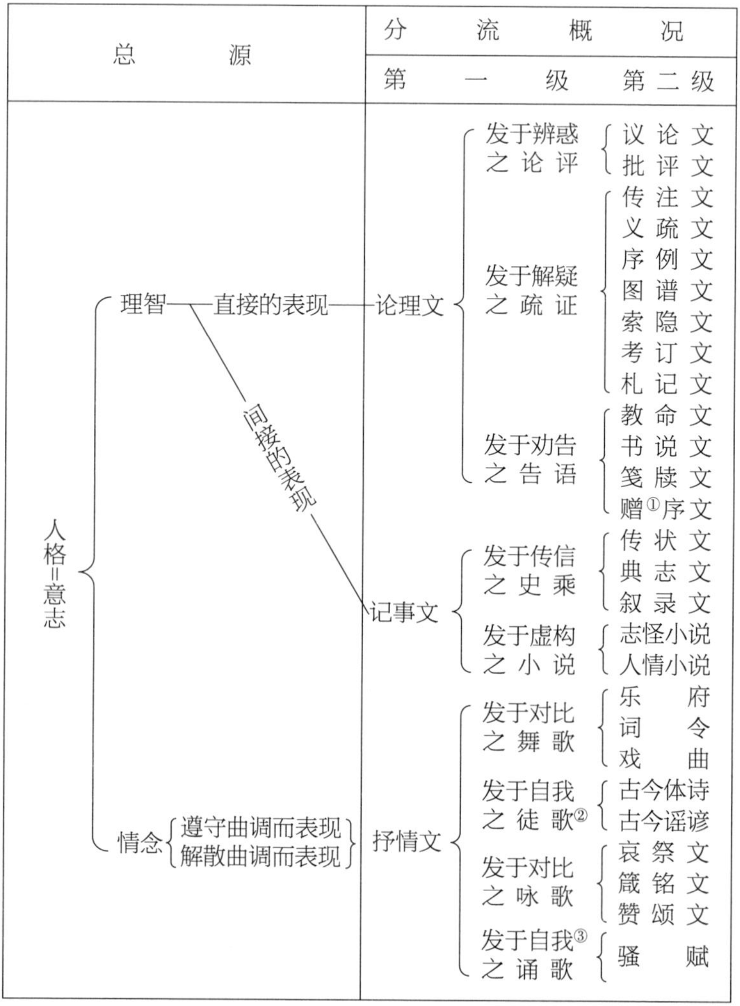

总源	分流概况		
	第一级		第二级
人格=意志 { 理智——直接的表现	论理文	发于辨惑之论评	议论文 批评文
		发于解疑之疏证	传注文 义疏文 序例文 图谱文 索隐文 考订文 札记文
		发于劝告之告语	教命文 书说文 笺牍文 赠[①]序文
理智——间接的表现	记事文	发于传信之史乘	传状文 典志文 叙录文
		发于虚构之小说	志怪小说 人情小说
情念 { 遵守曲调而表现 解散曲调而表现	抒情文	发于对比之舞歌	乐府 词令 戏曲
		发于自我之徒歌[②]	古今体诗 古今谣谚
		发于对比之咏歌	哀祭文 箴铭文 赞颂文
		发于自我[③]之诵歌	骚赋

① 赠　底本作“增”，据上文改。

② 此句底本脱，据上文补。

③ 自我　底本作“对比”，据上文改。

此表所列各种文体，完全和他底文体论相同。只有“抒情文”之上，平列着“遵守曲调而表现，解散曲调而表现”二语，却比他在文体论中逐类说明其音律如何、曲调如何，为有弹性而少流弊。此表之后，尚有三分表，兹不赘录。读者如欲参阅，可以覆按原书。

施氏论文体，斟酌于新、旧各派之间，根据心理学，分析心象，以立其纲；根据文章底流衍，以别其类；其用力不可谓不勤。在新派文体论中，确是能自成一家言的。不过文体底分类，须就历代已有的作品，比较同异，归纳综合，以明其体制之异；且古今来文体之演化、孳乳，都为应当时的需要；故以程式、用途为分类标准底旧法，实较以作法、心象为分类标准底新法妥当。就我国已有的作品，纳绎综合，说它们底作法有“议论”“说明”“描写”“记叙”“抒情”……它们所表现的心象有“理智”“情念”，原无不可；若即以此为文体底类别，甚且把古今各体诗文底名称，勉强支配容纳于所分之门类中，终是费力多而成功少的事情！

第六章 ○

文体分类底尝试
——从“文字”说到“文学”

“文字”，现在已成一极普通的名词，为一般人所习见常用。似乎我国底文字——一个一个的方块儿的形体，一个形体代表一个“音”一个“义”的——是组成文章的基本单位。可是仔细地说起来，则“文”自文，“字”自字，二者不同。许慎《说文解字序》云:“仓颉之初作书，盖依类象形，故谓之文；其后形声相益，即谓之字。文者，物象之本；字者，言孳乳而寖多也。”段玉裁云:“独体为文，合体为字。”许君的意思，说仓颉初作书契时，大抵是“依类象形”的独体之“文”；其后，或形与形相益，或形与声相益，由已有之“文”孳乳繁衍，渐渐增多，所以有合体的“字”。以“六书”言，则象形、指事是“依类象形”之“文”，会意、形声是“形声相益”之“字”。“日（⊙）”象日形，“月（ ）”象月形，“上（⊥）”指在上，“下（丅）”指在下，或绘具体的实物之形，或绘抽象的事物之状，就是所谓“依类象形”。它们都是最简单的形体，不能再分成两个或两个以上的形体，所以说是“独体”。就是式样较繁杂的，如“鸟（ ）”“乌（ ）”等，也是不可分割的。独体象形、指事二类中，虽也有合体的，但所合的虽有成文者，必有不成文的部分介乎其间。例如“爨（ ）”是指事之文，从“𦥑”持“ ”，置之“冂”上，下从“林”、从“廾”、从“火”，作双手推林纳火之状。“𦥑”即“掬”字，“廾”即“拱”字，以及“林”与“火”，都是已有的独体之文；而象[①]甑的“ ”，象灶门的“冂”，则是不成文字的部分。至于会意，如“武（ ）”从“止”“戈”二文，以见用武力侵略者还不能算武，必须能遏止侵略者妄动干戈才叫做武底意志；“信（ ）”从“人”、从“言”，以见人言必须有信，有信的才是人言，否则驴鸣狗吠而已。“止”与“戈”，“人”与“言”，是已有之独体的文；合起来方成“武”“信”，所以它是形与形相益的合体之“字”。又如形声，则一半表形，一半表声。表形的部分，示所造之字底属于那一类；表声的部分，示所造之字在口语中呼它的音怎么样；两部相合，方成一字。例如“江（ ）”，从“水”“工”声；“河（ ）”，从“水”“可”声。“江”字古本专指

① 象　底本作“像”，据下文改。

长江,“河”字古本专指黄河。长江、黄河是两条大水，所以都从“水”，这是表形的一半。口语中呼此二水底声，近似“工”“可”，故以“工”“可”表它们的声。这就是所谓形与声相益的合体字了（参阅《文字学纂要》)。“文”和“字”本来是有分别的，到了现在，则大家用惯了，把它们合成一个复词，当普通的名词用了。

那么“文字是组成文章的基本单位”，这句话必是颠扑不破的了！对是对的，但是与其说“文章的基本单位是字”，不如说“文章的基本单位是词”。因为“词”有单、复之别。一字成一词，代表一义的，叫做“单词”；合两字或两字以上而成一词，以代表一义的，叫做“复词”。例如上文所举的“日”“月”“上”“下”“武”“信”“江”“河”……都是单词，但如“枇杷”“琵琶”“然而”“花红”“文体论”“正中书局”……便都是复词（参阅《文字学纂要》)。这些词，或单，或复，才是造成语句、组成文章的基本单位。从此，可见我国的文字语言，只能说它是“单音字”，不能说它是“单音语”。

用若干词（单词或复词)，联合起来，以表示一个意思，叫做“句”。联合若干意思有关系的句，以表示一种完全的意思，才成所谓“文章”。所以文章必须是成句读的；不成句读的，只是写在纸上的词或文字，而非文章。章炳麟先生无句读文中所举的图、表、算草之类，虽也可以表示意思，严格地说，只是写在纸上的字或词，不是文章。这些字和词，只能表示它们本身原来具有底意义；否则，须靠别的符号来帮它们的忙。例如地图上的地名，只能表示它们所代表的各地方；因为有了界线，便把它们所管辖的区域也表示出来了；画了一条铁路，便把图中画着的“津浦铁路”“京沪铁路”之类的起讫地点、经过路线，也表示出来了。又如算草，如仅列数字，则除所列数字所表示的数目外，便无他意。写成“4+5=9”“7×6=42”之类，便表示出“四加五等于九”“七乘六等于四十二”底意思来了，而其所以能表示出它们演算的意思者，还在“+”“×”“=”等符号帮忙。所以这些都不是文章。总之，文章决没有无句读的！

章先生底《文学总略》说：“凡有文字著于竹帛，皆谓之文；论其法式，谓之文学。”前一句所说的，是“文字”，非“文章”；后一句所说的是“文章学”，是文法和修辞，不是“文学”。文章不仅皆有文字著于竹帛，必须著于竹帛的文字，加以有意义、合法式的组织，能成句语，成篇段，可以表示一种完全的意思的。文学不但不是论文章法式的，而且须是文章之中，有一种特殊性的作品。所以“文字”之范围最大，“文章”次之，“文学”最小。文章没有不用文字写成的，而文字未必尽是文章，广义底文章可以包括文学，而文章未必都是文学。这三者底关系，恰如上图所示。

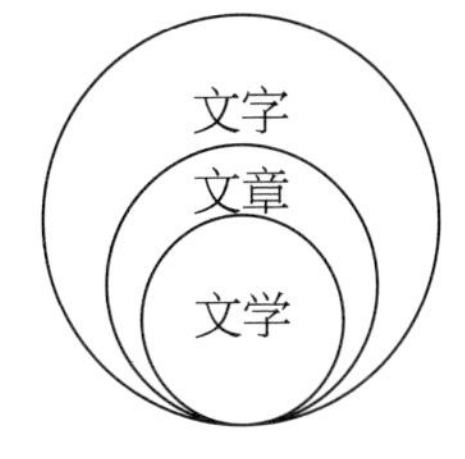

“凡以文字（严格地说，当云文字所构成的词）组成语句，联

成篇段以表示一种完全的意思的，都是文章。”这是“文章”一词的广义。其狭义，则指不成文学作品的文章。现在为便于说明起见，用它底狭义，以和“文学”一词比较其含义底差别。“文章”（狭义的）是表示意思的一种工具。它所表示的意思，或者是从内心发出来的理智或情感，或者是得之耳闻、目睹、身历的事物。理智本或得之自外，情感也都为外物所触发，但写作时，终是从内心发出来的。事物，则不论得之见闻，得之亲历，终是存在身外的；作者摄得其印象，然后记述下来。表示理智的文章，便是“议论”“说明”；表示情感的文章，便是“发抒”；表示所见闻、亲历的文章，便是“记叙”。这三大类文章，必须各有其内容：理智、情感、事物。没有内容的，便是“言之无物”；虽有内容而表示不得其法，不足以显示它的内容，或虽足以显示一些，而显示得不适其当，便是“言之无序”。不但如此，所表示的“理”和“情”，必须是正当的；所记叙的“人”“物”“风景”……必须是实有的。从前古文家，有“文以载道”的话。平心而论，不能说他们讲错，因为他们所谓“文”，即指狭义的文章而言。文章不但要“能载”，“有所载”，而且所载的须是“道”。议论、说明之文，便是直接为“载道”而作，议论文所论者是“道”，说明文所说者也是“道”。发抒文所发抒的情感，记叙文所记之物、所叙之事、所传之人，也必须合于“道”，至少须不悖乎“道”。故曰“文以载道”，故曰“因文可以见道”。虽然所谓“道”者，原是“仁者见仁，智者见智”，各有各的概念，而且尽可各人“道其所道”的（以古代为例，则儒家有孔孟之道；道家有老庄之道；墨、法诸家，都各有其墨翟、申不害，韩非之道。以今为例，则我国有三民主义，是孙中山先生之道，而俄国有他们底史丹林之道，德国有他们底希特勒之道）。因为我国自秦汉以来，儒家孔孟之道，笼罩全社会已数千年，所以前人一说到“文以载道”“因文见道”“非载道之文不作”，便会含含糊糊地以为凡是文章，皆当载孔孟之道的了（其实，古代的文章所载的，也不见得都是合于孔孟之道的）。

“文学”则和“文章”不同，文学何尝没有“理”？但不需要那种“道貌岸然”的理，至少是用不着摆出道学面孔来说。文学充满“情”，但不妨写那些男女私昵之情。即使是忠君爱国之情，也须用另外一种手段去发抒。文学也写景、记事、传人，但所写的，不必是实景、实事、实有其人。即使是实景、实事、实有其人，也必须用作者的想像力，去改造一番。所以文章是求实的，文学是架空的。我这几句话，也许有人不相信，我只得请他就各种文学作品去检讨一下。例如《儿女英雄传》，本是一部比较还好的小说，可是安老爷口中所说的理，太“道貌岸然”了，令人看了，有些儿酸溜溜的。岂但安老爷，连那最可人意的何玉凤，也有些儿酸气。《水浒传》所写的是“杀人不眨眼”的强盗，虽说“盗亦有道”，终是有乖正道。《荡寇志》把这班强盗一个个都剿灭了，论理，似乎比《水浒传》正气得多，但我觉得,《荡寇志》终万万不及《水浒传》。又如三百五篇的《诗经》，孔子所谓“一言以蔽之，曰‘思无邪’”的，第一首便是写恋爱经过的《关雎[①]》。我且把这首诗录在下面：

关关雎鸠，在河之洲。窈窕淑女，君子好逑。
参差荇菜，左右流之。窈窕淑女，寤寐求之。
求之不得，寤寐思服。悠哉悠哉，辗转反侧。
参差荇菜，左右采之。窈窕淑女，琴瑟友之。
参差荇菜，左右芼之。窈窕淑女，钟鼓乐之。

这首诗，从所谓“君子”因求淑女不得而寤寐思之，以至于辗转反侧的睡不着，到恋爱成功而“钟鼓乐之”，写得何等细腻熨贴？《诗经》中此等言情之作极多。假定孔子真有删《诗》的事实，则《关雎》一诗，居然首列，他老人家也必以此为极有价值的文学作品无疑。也许有人说：“如果照你所说，则《诗三百》，怎么能以‘思无邪’一言蔽之？”这又误解“思无邪”的意义了！程子曾说：“思无邪者，诚也。”（见朱子《诗集传·鲁颂·駉》篇[②]）程子所谓“诚”，便是《易经》“修辞立其诚”底“诚”，即是“真”。文学以“真”为第一义。《关雎》等篇所抒写的“情”，可说是真挚

① 雎　底本作“睢”，据《十三经注疏》（P.561）改。下文径改。
② 程子此语，出自《四书章句集注》（P.54）。

极了。卫宏《诗序》及后来言诗者往往把这首诗曲解做什么“后妃之德也”，真是不懂得文学的“笨伯”！又如屈原《离骚》，是一篇千古不磨的言情大作，所言的原是“忠君爱国”之情，但他偏借美人香草来代替他的对象。又如《三国演义》所记的原是三国时的人物、事实，但偏要加油添酱地捏造许多事实说话出来，把曹操、诸葛亮……都写成作者想像中的人物。宋江以三十六人横行河朔，本见于《宋史·张叔夜传》,《宣和遗事》并有三十六人底姓名；《水浒传》作者，却写出生龙活虎般的一百零八条好汉来。不但如此，目的明明在说理，却不作说理的文章，去假设一件事，把所要说的理化成具体的故事,“像煞有介事”地写述出来，这便是“寓言”。寓言本身，便是文学。例如《孟子》要说明求富贵利达底可耻，不用理论说明，却假设一个向东郭墦间乞人酒食之余，醉饱之后归骄妻妾的齐人来，把他形容得淋漓尽致。辞赋的作法，也和寓言相同，在于假设事实，而义主托讽，所以也是文学。总之，文学也有“所载”，但所载未必是道，即使是“道”，也须加以化装，托之他物。文学不但须“能载”，而且须“载得巧”。它的价值，不在所载的内容，而在它本身，在它能载的技巧。譬如磁器，文章是碗，其用在“盛”，其价值在“所盛”，不问所盛是酒、是茶，是饭、是肴，总须有所盛，而且所盛者是有用的东西。文学是花瓶，虽也可以插花，而且也插着花，其价值却在花瓶本身，即使插的是唐花，其价值也未尝少减。广义的文章，犹如磁器。茶壶、酒杯、饭碗……凡是磁做的，都是磁器。磁做的花瓶，无论是新做的美术品，旧有的骨董，色泽如何，式样如何，也是磁器。狭义的文章，则专指日用的磁器，如茶壶、酒杯、饭碗……而言，花瓶便不被包括在内了。至于文字或词，则是做磁器的原料——磁土。

从前人有把文章分做“有韵文”“无韵文”两大类的。似乎无韵之文，即六朝人所谓“笔”者，是我所谓狭义的文章；而有韵之文，六朝人叫做“文”者，是我所谓文学。其实韵之有无，在古代原不能鸿沟似地把文章画分成两种，散文中可以夹入许多韵语（《老子》中韵语即甚多），明明是诗，却有不押[①]韵的（《诗经》中即有之）。怎么能以它为分类的标准？文章和文学之分，更不在此。又有把文章分做“表现理智”“表现情感”两大类的。表现理智的论说、记叙之文，似乎即是我所谓狭义的文章；表现情感的抒情之文，似乎即是我所谓文学。但是狭义的文章也未尝不可用以表现情感；即如极普通的一封信，也有许多是表现情感的，抒写怀念眷恋之情的；反之，则文学又何尝不用以说理、叙事？所以这也不是画分文章、文学的标准。又有把文章分做“实用文”“美术文”或“杂文学”“纯文学”两大类的。实用文或杂文学，便是我所谓狭义的文章；美术文或纯文学便是我所谓文学。这却和我所说的差不多。不过用这四个名称，又似乎说文学是没

---

① 押　底本作“叫”，据文意改。

有“用”的，狭义的文章是不必“美”的；而“杂”和“纯”，尤似有所轩轾于其间。所以我采用“文章”和“文学”两个名词。这，不敢说是定论；即在我个人，也不以为是定论；不过在没有想到更妥当的名词以前，暂时采用它们罢了。

这是我的一个新尝试——一个类分文体的新尝试，以“文章”和“文学”底区别作出发点，把文体的分类，重新厘订。先列一表，示其纲目，然后逐类加以说明。

<table>
<tr><td rowspan="5">文字</td><td colspan="4">（甲）不成句读的文字</td></tr>
<tr><td rowspan="4">（乙）成句读、成篇段的文字——广义的文章</td><td rowspan="3">（子）狭义的文章</td><td>（一）关于学识义理的著述</td><td>（1）论说
（2）颂赞
（3）箴铭
（4）序跋
（5）注疏
（6）考订附札记</td></tr>
<tr><td>（二）关于世事酬应的告语</td><td>（1）赠序
（2）书牍附广告、柬启
（3）契约
（4）公文
（5）哀祭
（6）对联</td></tr>
<tr><td>（三）关于人事文化的记载</td><td>（1）传状
（2）碑志
（3）叙记附日记、表谱
（4）典志附法规、仪注</td></tr>
<tr><td>（丑）文学</td><td colspan="2">（1）籀写的——辞赋附寓言
（2）咏歌的——诗歌
（3）记述的——小说
（4）表演的——戏剧</td></tr>
</table>

上表中，总摄全部的“文字”，即章先生所谓“著于竹帛，皆谓之文”。其中有一部分是“不成句读的”，只能谓之“文字”，不能谓之“文章”。有一部分，是组成句读、篇段的，方是“文章”。广义的文章，可以兼包文学；狭义的文章，便非真正的文学了。

狭义的文章，仍依曾国藩说，分作“著述”“告语”“记载”三门。著述门又分六类：“论说”“颂赞”“箴铭”“序跋”，姚鼐已有此四类；“注疏”“考订”是新增的。告语门亦分六类：“赠序”仍从姚氏列为一类；“书牍”“哀祭”二类，原为姚、曾二氏所同有，仅于“书牍”附“广告”“柬启”而已；“诏令”“奏议”二类，合为“公文”；至于“契约”“对联”二类，则系新增。记载门所分四类，几全同曾氏；所异者，“传志”仍依姚氏分为“传状”“碑志”二类，删“杂记”一类，分隶“碑志”“叙记”之中，并于“典志”类附入“法规”“仪注”。“辞赋”一类，姚、曾二氏俱有之；惟曾氏并入“颂赞”“箴铭”二类，今仍从姚氏分出，隶于著述门。而“辞赋”则属之“文学”之部。辞赋为籀写的文学，“诗歌”为咏歌的文学，“小说”为记述的文学，“戏剧”为表演的文学。“寓言”虽也和“小说”有关，但其性质近于“辞赋”。话剧虽也是记述的，但终重在表演。——这二部（狭义的“文章”与“文学”）二十类，是我参酌新、旧各派文体论所假定的文体分类。

“注疏”“考订”之文，似可附于“序跋”。但序跋重在叙述全书，注疏则为随文解诂；考订又与序跋、注疏异趣，不必依附于已成之书籍，而可以独立评论、考证一特殊的问题：故另立为二类。而学者札记，仅足供考订之材料用，而未组成一篇文章者，似又不能一概归入考订，故作附录。“契约”“对联”，人事方面应用最繁；故虽自来论文者不屑道及，亦新增此二类。“诏令”“奏议”与“书牍”之区别，全在公私。故以“公文”总括前二类，使与“书牍”平列。“广告”“柬启”，则亦为私人间相告语之文件，故以附书牍之末。“赠序”本为赠别之诗歌作序；但唐以后，无诗之赠序既多，元明以来，又有寿序之类，则此类序跋底变体，已早由附庸蔚成大国；且其性质用途，反与书牍相近，去序跋益远；故仍从姚氏，分列一类。从前人分类往往夹入一类“杂 ×”，如论文体则有“杂文”“杂记”等目，论诸子亦有所谓“杂家”，这实在和现在人列举任何条目末了附缀一项“其他”一样。我以为这种名称，这种办法，是不足为训的，所以毅然把“杂记”类删去。姚氏《古文辞类纂序》云:“杂记类者，亦碑文之属。碑主于称颂功德，记则所记大小事殊。故有作序与铭诗，全用碑文体者，亦有记事而不以刻石者。”现在把全用碑文体而预备刻石的杂记，画归碑志类；仅记事而不以刻石的杂记，画归叙记类。“诗歌”“小说”“戏剧”三者之列入文学，并不是自我作古的，不必再加详细的说明。惟我国底旧剧，如元代底杂剧、明代底传奇，皆与诗歌中之“曲”，有密切的关系。故诗歌类与戏剧类有它们不能截然分离的部分。现在把非戏剧的散曲小令之类，归入诗歌类；其用以表演之剧曲，则与现代的“话剧”，都归入“戏剧”类。这是我对于文体类目增删分合底缘故。

类分文体，本非易事；我虽凭个人底意见，作此尝试，绝不敢自以为是。以下各章，当就所分之类，逐一说明。读者阅完全书后，如能予以指正，自当虚心领教！

第七章 ○

论说

《文心雕龙》有《论说》篇,《古文辞类纂》则谓之“论辨”,《经史百家杂钞[①]》则谓之“论著”。曾氏括“论著”“词赋”“序跋”三类为“著述门”,以为著作之无韵者为论著,其有韵者为词赋,而序跋则所以序述他人之意;盖以前二类为“著”,后一类为“述”,故有著述[②]之名。“论”字本含有辨驳、评论的意思,故姚氏径曰“论辨”。我所以不从姚、曾二氏,而取刘氏“论说”之名者,因为这类文章,不仅[③]议论文,还有说明文包括在内的缘故。梁启超《中学以上作文教学法》,所分议论文的五类:曰说喻,曰倡导,曰考证,曰批评,曰对辩。严格地分别起来,则说喻、倡导、考证三类,重在说明;批评、对辩二类,重在论辨。故用

---

① 钞　底本作“抄”,据上文改。下文径改。

② 著述　底本作“论著”,据文意改。

③ 仅(僅)　底本作“谨(謹)”,据文意改。

“论说”一名，方可以包括它们。

《文心雕龙·论说》篇云:“圣哲彝训曰经，述经叙理曰论。论者，伦也。伦理无爽，则圣意不坠。”如刘氏所云，则“论”所以述“经”，圣人所作为“经”，贤人述经者曰“论”了。佛教的典籍有“经”有“论”，佛所说为经，菩萨述经之作曰论。六朝时佛教的传入正盛，刘氏又是佛教底信徒（少依沙门，晚又出家，法名慧地），所以有这种说法。刘氏又云:“昔仲尼微言，门人追记，故仰其经目，称为《论语》。盖群论立名，始于兹矣。自《论语》以前，经无‘论’字,《六韬》二论，后人追题乎！”按,《六韬》有《霸典文论》《文师武论》，刘氏说它是后人追题的。因为《六韬》这部书，是否吕尚所亲撰，根本还是一个问题；刘氏说它是后人追题，不为无见。至于《论语》底“论”字，是否说此书所记之言都是议论，却是疑问。《汉书·艺文志》说:“《论语》者，孔子应答弟子时人，及门人相与言而接闻夫子之语也。当时弟子各有所记，夫子既卒，门人相与辑而论纂，故谓之《论语》。”是“论语”者，谓“论纂其语”，不是说所记之语皆是议论之文。即就实际说，老子所著五千言，明明是论说体，成书也在《论语》之前。更推而远之，如《尚书》中箕子为武王所陈的《洪范》，也明明是论说体。我们不当因《论语》书名上有一“论”字，便认它为论说文之起源。刘氏又云:“说者，悦也；兑为口舌，故言资悦怿。过悦必伪，故舜惊谗说。”按,《易·说卦》传有“兑为口舌”的话,《兑卦》彖辞有“兑，说也”的话。刘氏所谓“说”，是指战国策士游说人君之“说”，故曰“言资悦怿”,“过悦必伪”；而下文所举的例，如伊尹以至味说汤，太公以钓鱼说文王，烛之武说秦穆公，子贡说田常……都是对人进说之辞。那又和我所谓“说明”之“说”不同了。对人进说之辞，固然不外乎“议论”，或“说明”；但要把它在“论说”范围中特殊地画出一部分，那是不必的，而且是不可能的。所以“论说”之“说”，不当采取刘氏底解释。

姚氏《古文辞类纂序》云:“论辨类者，盖原于古之诸子，各以所学著书诏后世。孔孟之道与文，至矣。自老庄以降，道有是非，文有工拙，今悉以子家不录，录自贾生始。”姚氏谓论辨类之文，原于古之诸子，是不错的。周秦诸子之书，都是论说体；溯论说文之源，自然不得不推那时的许多子书。不录子书，是姚氏所定的选文范围；而于论说之源，独追溯到诸子，不能不认为他的见识，比因书名上有一“论”字，便认为论说始于《论语》的刘氏高。

曾氏《经史百家杂钞序》云:“论著类，著作之无韵者，经如《洪范》《大学》《中庸》《孟子》皆是。诸子曰篇，曰训，曰览；古文家曰论，曰辨，曰议，曰说，曰解，曰原，皆是。”曾氏说论著类之文是著作，是不错的；说它是著作之无韵者，是不对的。这在前面，评述散文派文体分类时已说过了；曾氏选入论著类第一篇的《洪范》中便有许多韵语。《洪范》者，箕子为武王陈治天下之大法，是一篇有历史地位的论说文，我们不要以为它说什么“金木水火土”，觉得可笑；这种“五行说”，在夏代很有势力的。《尚书·甘誓》，是夏后启征有扈氏底誓师之辞。它宣布有扈氏底罪状，第一句便是“有扈氏威侮五行”。五行是金木水火土，怎么可加以威侮？有扈氏所威侮的，不是金木水火土，而是那时的“五行说”。有扈氏因威侮五行说而被讨伐，和现在因背叛三民主义而被讨伐，正是一样的。到了商代，则鬼神说代五行说而兴。武乙射天，不信神；纣王时宗庙牺牲被攘食，不信鬼；在政治上就不能使大众信服了。箕子这篇《洪范》，却兼采五行说和鬼神说而参之以人事，在上古“政”和“教”不分底时代，确有相当的价值的。这篇文章底时代，相当的早，所以曾氏选列论著类之首。《大学》《中庸》，本为《小戴礼记》（汉戴圣辑）中之二篇。宋朱子始把它们提出来，和《论语》《孟子》合成“四书”。这两篇，确是儒家底重要的论文。《大学》以“明明德”“新民”“止至善”为“大学之道”底三纲领，以“格物”“致知”“诚意”“正心”“修身”“齐家”“治国”“平天下”为“大学之道”底八条目；全篇先总论，后分说，条理完密，的确是一篇组织完全的论说文章。虽然朱子分为经一章，传十章，说经为孔子之言，而曾子述之，传是曾子之意，而门人记之的话，未必可靠；但无论如何，是孔子以后，西汉以前，儒家底一篇伟大的论文。《中庸》是孔子之孙孔伋子思所作，见于《史记》。这也是儒家底重要的论说文，它底论心性，论修养，从个人推而至于家国天下，一切以“诚”字为本，确能自立一种精湛的理论，而且往往可和《孟子》互相发明。至于《孟子》一书，其体例，与其说近于其他诸子，无宁说近于《论语》，这部书，观其体例，似乎是出于弟子底记录，而非孟子自著。其和《论语》不同之点，在《论语》所记是零碎简短的话居多;《孟子》则有长篇的辩论文章，如和许行底信徒陈相对辩的“有为神农之言”章，更是不可多得的长篇的对辩。《孟子》，在《汉书·艺文志》，本和《荀子》同列于《诸子略》底儒家中；宋以后，始正式升入经类。曾氏在经书里，举《洪范》《大学》《中庸》三篇及《孟子》一书，为论著文之例，是不错的。

“篇”，是书籍的通称，不是文体底名目。古以竹简代纸，故文章以篇计；汉以后，则用缣帛，故文章以“卷”计。“篇”和“卷”是一类的名称。所以诸子书中，虽有曰某某篇者，不过计篇数，标篇题而已，并非以“篇”为论说底别名。汉淮南王刘安集门客所作，编成一书，名曰《淮南鸿烈》，其各篇篇题下，皆有一“训”字（如《兵[1]略训》《修务训》等）。但也有人说，“训”字是高诱作注时所加；训者，训诂、训解之意。至于《尚书》底《伊训》，那是说这篇所记是伊尹的教训，篇中明明记着：“伊尹乃明

① 兵　底本作“要”，据《淮南子集释》（P.1043）改。

言烈祖之成德以训于王。”可见“训”也不是论说底别称。吕不韦的《吕氏春秋》，也是集门客之作而成的，中有八篇“览”(《有始览》《孝行览》《慎大览》《先识览》《审分览》《审应览》《离[①]俗览》《恃君览》)。览者，观览也；不是一种文体之名。此外，便没有称“览”的作品了(《淮南》虽有“览冥”，那是“览观幽冥变化”底意思)。至于古文家底“论”“辨”“议”“解”“原”，则和“篇”“训”“览”不同。篇题下有“论”字的，如《庄子》的《齐物论》,《荀子》底《礼论》《乐论》，诸子中已有之。后世文章家，以论名篇的，如贾谊的《过秦论》、陆机底《辨亡论》、江统底《徙戎论》，那更不胜枚举了。论是发表自己底主张的，辨则有辨正是非底性质，所以论贵“能立”，辨贵“能破”。如韩愈底《讳辩[②]》，有辨正当时一般人避讳的习俗之意；柳宗元底《桐叶封弟辩》，有辨正关于桐叶封弟的传说之意。议有奏议、驳议等，本是集议讨论时底作品。如韩愈有《改葬服议》《复仇议[③]》，柳宗元有《驳复仇议》，但如《晋文公问守原议》，则又和上几篇性质不同，直是一篇普通的论说而已。“说”，本是说明文底正体；但文人往往借以发议论，如韩愈底《师说》，便不仅说明“师”底意义而已。至于他的《杂说》四首，则又借“说”以作寓言了。

---

① 离(離) 底本作“杂(雜)”，据《吕氏春秋集释》(P.509)改。

② “辩”“辨”二字，此书使用颇为随意。涉及篇名、书名、引文时，据相关文献酌加修正，其他则遵从作者行文习惯。

③ 议 《韩愈文集汇校笺注》(P.2827)作“状”。

“解”者解说，也是说明文。《小戴礼记》中已有《经解》一篇。与“解”相似者曰“释”。《尔雅》各篇，都以“释”名。后来蔡邕有《释诲》，郤[①]正有《释讥》，都是解说底文章。但也有借以发议论，而不是纯粹的解释的，如[②]韩愈底《获麟解》，王安石底《复仇解》更似一篇复仇论了。“原”者，推论本原之意。韩愈有“五原”(《原道》《原性》《原毁》《原人》《原鬼》)，说者以为是“原”之始。其实《淮南》已有《原道训》,《文心雕龙》已有《原道》篇了。

总之，我们辨别文体，不当但看题目的字面，以为题目上有“论”“说”“辨”“议”“解”“原”等字的，便是论说类。我们应当看全篇文章是否为议论、辩驳、批评、说明而发。是的，方是论说类；不是的，便不当归入此类。

论说文底作法，应当怎[③]样，才算得体?《文心雕龙·论说》篇中，倒有几句值得引述的话：

原夫论之为体，所以辨正然否，穷于有数，追于无形；迹坚求通，钩[④]深取极；乃百虑之筌蹄，万事之权衡也。故

---

① 郤　底本作“却（卻）”，据《全上古三代秦汉三国六朝文》（P.3726）改。
② 如　底本脱，据文意补。
③ 怎　底本作“这”，据文意改。
④ 钩　底本作“钧”，据《文心雕龙注》（P.328）改。

> 其义贵圆通[①]，辞忌枝碎[②]，必使心与理合，弥缝莫见其隙；辞共心密，敌人不知所乘：斯其要也。是以论如析薪，贵能破理。斤利者，越理而横断；辞辨者，反义而取通。

“辨正然否”，的确是论说文底要旨。“义贵圆通，辞忌枝碎”，的确是作论说文底要诀。所谓“弥缝莫见其隙”，“敌人不知所乘”，就是所谓“能立”。不但须“能立”，又须“能破”。能破，是能够驳倒对方底理论；能立，是能够伸张自己底主张。周秦诸子有所谓“名学”，印度佛教有所谓“因明”，西洋有所谓“逻辑”，这些，都是做论说文底基本工具。从前人做论说，只须引几句孔孟之言，做他们立论底根据，便可以自立，不为对方所破。现在便不能这样做了。对方会反诘说：“孔子、孟子底话，在现代，一定是对的吗？”我们必须找寻我们底证据，而且必须注意到，我们底立论底反证。如果正面的证据不充分，反面的证据却是强有力的，我们的理论便完全不能成立。所以无论是议论，是批评，是对辩，有时候，中间得插入一大段说明的“考证”，证明我们的理论是有事实作根据的。所以我认为“论”和“说”是根本不可分的。

我有一种见解，一种主张，对某人或特定的一部分人说明，

① 通　底本作“道”，据《文心雕龙注》（P.328）改。
② 碎　底本作“叶（葉）”，据《文心雕龙注》（P.328）改。下文径改。

并且劝他或他们依从，这种论说文叫做“说喻”。我有一种主义，一种学说，对一般人宣传，希望他们信仰，不仅希望现代的人信仰，甚至希望后世底人们都能信仰，这种论说文叫做“倡导”。考证某一件事底历史，某一种学说上假定的原理，以至某一种古代底书籍、制度，使人了然于其真相，这种论说文叫做“考证”。别人提出他底见解、主张、学说、主义以及考证，我对它，或赞成，或反对，或认为尚须斟酌；或者别人反对某人底主张……我起来站在第三者底立场，给他们判定孰是孰非，这类论说文叫做“批评”。批评不但可对今人而发，也可对古人而发。至于和别人站在对面的立场，互相辩难，或者事实上并没有和我对辩的人，而在文中假设有一站在对方的人，和我一层层地辩难，这种论说文便是“对辩”了。

“考证”“批评”“对辩”，须凭纯粹的客观的理智，万万不能加入主观的情感。否则，考证固然不能把真理寻求出来，批评、对辩尤易引起无谓的纠纷，甚至出以嘲弄嫚骂，失了学者底态度。但是“说喻”和“倡导”，虽然也以理智为主，笔端上却必须带着情感。因为说喻、倡导底目的，不但在使人“信”，还须在使人“从”；不但在使人“知”，还须在使人“行”。理智，譬如是火车底轨道；情感却是火车头里烧的煤。理智是冷的，静的；情感方是热的，动的。人类一切事情底原动力，是情感，不是理智。所以只有单纯的理智，至多只能使人知，使人信，决不能鼓舞人们去遵从实行。因此，我们可以知道，施畸君以“意志”的两大类（理智与情感）为文体底两大类（发于理智的论理文、记事文与发抒情感的抒情文）分别底标准，而以论说属于单纯表现理智的论理之文，是不很妥当的了。

《文选》把“论”分成三类：一是“设论”，一是“史论”，一是“论”。它所选的设论是东方朔《答客难》、扬雄《解嘲》、班固《答[①]宾戏》三篇。这种设论，完全是假托的，而且目的是借此发牢骚，上之和《楚辞·卜居》，下之和韩愈《进学解》，同一作法。严格地说，是辞赋的作法，不是论说底作法。至于所谓“史论”，则指史传后的论赞而言。史传之“赞”，本是“助”的意思；传中有未尽之意，则于传后赞中申述之。这和“颂赞”之赞，其义不同；因为论赞中对于传中人，不一定是称赞的。至于这一类文章底体裁，与其说它们是“论说”，不如说它们是“序跋”。传后有论赞，书表底前后，如《史记》，不也有序吗？何以同是一书，同列一种地位底文章，在书表则为“序”，在传则又属于“论”呢？史论原也有的。或论史学史书，如刘知幾《史通》全书皆是；或论史事，如王夫之《读通鉴论》《宋论》皆是；或论历史上的人物，如苏轼底《荀卿论》《韩非论》等。但如要在论说文中别分子目而以题材为分目底标准，则史论之外，论说底

① 答　底本脱，据《全上古三代秦汉三国六朝文》（P.1218）补。

题材也很多。例如苏洵底《易论》《诗论》《礼论》《乐论》，则以经书为对象；柳宗元底《封建论》，顾炎武底《郡[1]县论》，恽敬底《三代因革论》，则以古代制度为对象；现在各种月报底批评，则又以时事为对象。推而广之，则论学、论修养、论交友、论文艺等，可以分作无数子目；这样分析起来，不是太繁冗了吗？所以我认为论文体时，只须把“论说”这一类底范围弄清楚就够了，不必再分子目。至于其他各类，如“序跋”“书牍”……中，也未尝没有议论，未尝没有说明。但这里所谓“论说”，是指全篇为议论、说明而作的文章；在别种文体底作品中，发议论和说明，已以他种形式做成文章，便不能目之为“论说”了。

① 郡　底本作“郢”，据《顾亭林诗文集》（P.12）改。

第八章 ○

颂赞与箴铭

“论说”之文，或以批评、对辩的方式辨别是非善恶，或以考证及说喻、倡导的方式说明是非善恶，其效用在使人信从作者主观的见解。“颂赞”之文，则以颂扬、赞美的方式，表示对人、事或物底钦崇，其效用在显示作者景仰的心情，而使人有所感奋。“箴铭”之文，则以消极的儆戒或积极的勉励的方式，饬[①]励人己，使有所警惕、黾勉以进德业。所以这三类文章，虽都是以学养、识见、义理为根据，由作者撰著的，而又各有不同。

“颂赞”和“箴铭”二类，以韵语为多，体制相近，而其用不同，所以现在把它们并在一章说，以资比较。《文心雕龙·颂赞》篇云：

① 饬　底本作“饰”，据文意改。

四始之至，颂居其极。颂者，容也，所以美盛德而述形容也。昔帝喾之世，咸墨为颂，以歌《九韶》；自商以下，文理尤备。夫化偃一国谓之“风”，风正四方谓之“雅”，容告神明谓之“颂”。风雅序人事，兼变正；颂主告神，义必纯美，鲁国以公旦编次，商人以前王追述，斯乃宗庙之正歌，非讌飨之常咏也。《时迈》一篇，周公所制；哲人之颂，规式存焉。夫民各有心，勿壅惟口，晋舆之称原田，鲁民之刺裘鞸，直言不咏，短辞以讽。邱明、子高，并谍[1]为“诵”。斯则野诵之变体，浸被乎人事矣。及三闾《橘颂》，情采芬芳；比[2]类寓意，又覃及细物矣。

这一段是论“颂”底渊源流变的。刘氏认为“颂”是从《诗经》中《风》《雅》《颂》底“颂”出来的，所以形容美德，昭告神明；如《诗经》底《周颂》《商颂》《鲁颂》，都是“宗庙之正歌”，不是“讌飨之常咏”。而《周颂》中底《时迈》一篇，为周公旦所作，规式存焉。这是颂底正体。至于《左传》记城濮之战，载晋师舆人之诵曰：“原田每每，舍其旧，而新是谋。”《吕氏春秋[3]》及《孔丛子》记孔子始执政时，鲁人谤诵曰：“麛裘而鞸，投之无戾；

① 谍　底本作“谓”，据《文心雕龙注》（P.157）改。
② 比　底本作“此”，据《文心雕龙注》（P.157）改。
③ 秋　底本作“秩”，据史实改。

鞸而麛裘，投之无邮。”以及屈原《九章》中的《橘颂》，颂橘以寓意，则又施之于小物。这些都是“颂”的变体。但是所谓“舆人之诵”“裘鞸之诵”，是和“颂”大不相同的。它们并不是“宗庙之正歌”，而是民间的歌谣；并不是美盛德之褒颂，倒是含有讥刺的意思的。所以只能归之于“诗歌”，不能入之于“颂赞”。至于《橘颂》，虽名为“颂”，虽有褒颂之意，但屈原是以橘自比的，借颂橘以自见其贞节的，所以是“辞赋”，而不是“颂赞”。刘氏认它们为“颂”之变体，我却未敢苟同。《颂赞》篇次论“赞”云：

> 赞者，明也，助也。昔虞舜之祀，乐正重赞，盖唱发之辞也。及益赞于禹，伊陟赞于巫咸，并飏言以明事，嗟叹以助辞也。[①]故汉置鸿胪，以唱拜为赞，即古之遗语也。至相如属笔，始赞荆轲。及迁史固书[②]，托赞褒贬，约文以总录，颂体以论辞，又纪传后评，亦同其名。而仲治《流别》，谬称为“述”，失之远矣。及景纯注《雅》，动植必赞，义兼美恶，亦犹颂之变耳。

这一段是论“赞”底渊源流变的。舜为禹宾，乐正进赞，见于

---

① 及益赞于禹，伊陟赞于巫咸，并飏言以明事，嗟叹以助辞也　底本脱，据《文心雕龙注》（P.158）补。

② 迁史固书　底本作“迁固史书”，据《文心雕龙注》（P.158）改。

《尚书大传》，刘氏认为是赞底起源。益及伊陟事，均见《尚书》，刘氏并推及汉之鸿胪唱拜以为赞底正体。其实，所谓鸿胪唱拜，不过似现代司仪底赞礼，更不是颂赞之赞。他又以司马相如底《荆轲赞》,《史记》《汉书》传后的赞，以及郭璞注《尔雅》，作草木禽虫赞，为赞底变体。严格地说，则赞只是赞扬之意;《史》《汉》传后之赞，当入序跋类，不当入“赞”类。郭氏底赞草木禽虫，方是赞之变体。

刘氏又论及“颂”与“赞”底体制云:

原夫颂惟典雅，辞必清铄。敷写似赋，而不入华绮之区；敬慎如铭，而异乎规戒之域。揄扬以发藻，汪洋以树义。唯纤曲巧致，与情而变。其大体所底，如此而已。

“颂”一面似赋，一面似铭，而又与赋、铭各不相同。大致则以褒颂为主，故刘氏又说“褒贬杂居”，为“末代之讹体”。实则“颂”决无杂以贬辞者;“褒贬杂居”者，是“舆人”“裘鞸”之类，并不是“颂”类底文章。刘氏又论“赞”云:

本其为义，事生奖叹，所以古来篇体，促而不广，必结言于四字之句，盘桓乎数韵之辞，约举以尽情，昭灼以送[①]

① 送　底本作“道”，据《文心雕龙注》(P.159)改。

> 文，此其体也。发源虽远而致用盖寡，大抵所归，其颂家之细条乎。

刘氏谓“赞”为“颂”之细条，所以自来论文体者，颂赞都并作一类。姚氏《古文辞类纂序》说：“颂赞类者，亦《诗·颂》之流，而不必施之金石者也。”则姚氏亦以《诗》之《颂》，为颂赞类之起源了。

“颂赞”之文，其所颂扬褒赞者，或为有大功德之人，或为迥异寻常之事物，其词意所注，皆在永叹向往。此义，于董仲舒、班固、蔡邕、曹植、郭璞[①]等底作品中，皆可见之。例如扬雄底《赵充国颂》，袁彦伯底《三国名臣赞》，是颂赞人的；韩愈底《子产不毁乡校颂》，柳宗元底《伊尹五就桀赞》，是颂赞事的；苏轼底《韩幹画马赞》，则是颂赞物的。

“颂赞”，以颂扬褒赞为主；“箴铭”，则以警戒规勉为主。二者虽都以有韵的为多，而其性质效用，截然不同。姚氏《古文辞类纂序》云：“箴铭类者，三代以来，有其体矣，圣贤所以自警戒之义，其辞尤质，而意尤深。”姚氏之意，以为箴铭之体，远起三代，要在辞质意深，以自警戒。刘氏《文心雕龙·铭箴》篇底大意，也和姚氏相同，而且说得更为详细。他推论“铭”底起源，

---

① 璞　底本作“朴（樸）”，据上文改。

引帝轩舆几[1]之铭（见《皇王大记》），大禹笋簴之铭（见《鬻子》），成汤盘铭（见《礼记·大学》），武王户席等铭（见《大戴礼》），周公金人铭（见《孔子家语》），孔子观欹器之叹（见《荀子》），为古代圣贤鉴戒之辞，并云："铭者，名也。观器必也正名，审用贵乎盛德。"又引臧武仲底话道："夫铭，天子令德，诸侯言时计功，大夫称伐。"而以夏禹铭九鼎、武王铭肃慎氏之楛矢（见《国语》）为"令德之事"；太公吕尚铭功于昆吾之鼎（见蔡邕《铭论》），及仲山甫铭鼎（见《后汉书·窦宪传》），为"计功之义"；魏颗退秦师于辅氏，铭勋景钟（见《国语》），卫孔悝亦有鼎铭，为"称伐之类"。按之实际，已是"铭"底变体。至于秦始皇立石泰山颂功德，班固为窦宪作铭，勒石燕然山之类，那是立碑刻石，以记功德，去铭之本旨愈远，以文体论，当入"碑"类。蔡邕所作朱公叔碑铭，则又近于墓铭了。总之，铭之用，本题于器；铭之义，本主规勉。那些刻石以颂功德，以志坟墓的，与铭文原来的用途、意义都已不同，不能因它们有"铭"之名称，仍归入此类。张载底《东铭》《西铭》，虽不是题器的，而寓规勉之旨；《西铭》尤文意俱美，却是一篇有价值的铭文。

《文心雕龙·铭箴》篇又云："箴者，所以攻疾防患，喻针石也。"按，我国古医法，有针石，所以刺病。《玉海》云："箴者，

① 几　底本作"凡"，据《文心雕龙注》（P.193）改。

谏诲之辞，若针之疗疾，故名。”与刘氏之意正同。刘氏以《夏箴》《商箴》为箴之起源。此二箴已亡，其佚句犹有见引于他书者。如《逸周书·文传解》引《夏箴》云：“中不容利，民乃外次。”《吕氏春秋·名类》篇引《商箴》云：“天降灾布祥，并有其职。”故刘氏说它们“余句犹存”。周初辛甲底《百官箴》，也已亡佚。《左传》引楚庄王箴训其民之辞曰：“民生在勤，勤则不匮。”似乎也不是全文。挚虞《文章流别论》谓扬雄依虞箴作十二州十二官箴，其文尚存。崔、胡补之，乃成《百官箴》，反已不传于世了。以后如嵇康底《太师箴》、挚虞底《尚书令箴》之类，还是古代“官箴”底遗制。至韩愈底《五箴》、程子底《四箴》，则但以针砭自己，并非官箴了。如以官箴为箴底正体，则此类应是箴底变体。王郎《杂箴》，乃施之于巾履之类，虽也以示戒慎之义，已侵入“铭”底范围了。刘氏对于“箴”与“铭”底异同及两者底作法，也有一段扼要的话：

> 夫箴诵于官，铭题于器，名目虽异，而警戒实同。箴全御过，故文资确切；铭兼褒赞，故体贵弘润。其取事也，必核以辨；其摛文也，必简而深。此其大要也。

“确”者，坚正之意。“箴”之用，完全在消极方面的攻疾防患，所以要在“确切”。否则，辞涉游移，便失去它御过之用了。“铭”

之用，兼含积极方面的奖勉德业，所以要在“弘润”。否则，旨不弘，辞不润，便不成为积极方面的文章。

总之，“颂赞”，或对人，或对物，或对事，致其颂扬、褒赞之情意；“箴铭”，则对人或事，致其警戒、勉励之情意；而“铭”又往往托物寓意，且其对象之“人”，往往即指作者自身。所以这两种文辞，以形式之简练及叶韵言，它们未尝①没有“共相”；以内含的情意及用途言，又各有其“异相”。至于它们和“辞赋”一类，则内容、形式、作法、用途，都显然不同。颂赞、箴铭两类，都只能谓为狭义的文章，以它们所载的内容——情感与理智——为重；和属于“文学”的辞赋，绝不能混为一谈。而曾氏《经史百家杂钞》把它们并入“辞赋”，列于下编，而以“著作之有韵者”为包括这三类的界义，实在是错误的！所以我主张仍旧把这两类画分出来，让它们各自独立。

徐师曾亦谓“颂”出于《诗》之《颂》。惟《商颂》之《那》，《周颂》之《清庙》，皆以告神，为颂体之正；至如《鲁颂》之《駉》《駜》，则用以颂僖公，为颂体之变。近人林纾又谓《诗》之《颂》，皆用以告神明；而《原田》《裘韠》则出于舆人之口，或为讥刺之辞，易“颂”为“诵”，为颂之变体。至于《橘颂》覃及细物，且为寓怀之作，亦非颂之正体。扬雄颂赵充国，班固颂窦融，

① 尝　底本作“常”，据文意改。

则以施之显人了。颂底源流，于此可以概见。惟舆人《裘鞸》之诵实为民谣，屈原《橘颂》实是辞赋，不但为颂之变体而已。

任昉《文章缘起》以司马相如底《荆轲赞》，为赞之起源。徐师曾谓赞有散文、韵文两体，散文当祖班固《汉书》传后之评，韵文当祖《东方朔画像赞》(夏侯湛作)。吴讷[①]谓赞有三体：一曰“杂赞”，意专褒美，若诸集所载人物、文章、书画诸赞是也；二曰“哀赞”，哀人之殁，而述德以赞之者也；三曰“史赞”，词兼褒贬，若《史记》索隐及《汉》《晋书》诸赞是也。此外又有“传赞”，如刘向《列女传》诸赞是也。林纾则谓益赞禹、伊陟赞巫咸，始立赞体，迁、固二书，托赞以为褒贬；而郭景纯注《尔雅》，虽植物亦有赞，此与《橘颂》均为变体。按,《荆轲赞》《东方朔画像赞[②]》，诚为赞底正体；其由人而移之物者，则为赞之变体。至于所谓“哀赞”，则为“诔”之变体；“史赞”“传赞”则为“序跋”之变体；不当与颂赞之赞合为一体。徐、吴、林三氏皆袭刘氏之说而误。

颂赞固当有韵，但亦有无韵者，如王褒底《圣主得贤臣颂》。至如韩愈底《伯夷颂》，名虽为颂，实际上并不是颂，所以《古文辞类纂》把它归入论辨类中。柳宗元又有《平淮夷雅》，名虽是“雅”，实际上却是一篇颂。

---

① 讷 底本作“纳”，据上文改。

② 赞 底本脱，据上文补。

真德秀云："赞颂体例，贵乎赡丽宏肆，而有雍容俯仰、顿挫起伏之态，乃为佳作。"林纾云："二体大率为四言句。不能自镇，则近佻；不能自敛，则近纤；累句相同，不自变换，则近沓；前后隔阂，不相照应，则近蹇。过艰，恶涩；过险，恶怪；过深，恶晦；过易，恶俚。必运以散文之杼轴，就中变化，文既古雅，体不板滞。自非发源于葩经，则选词不韵；赋色于诸子，则取材不精。下字必严，说言必巧，近之矣。"颂赞底作法，已说得很详细了。

近人姚永朴《文学研究法》引《曾国藩家训》云："凡箴，以虞箴为最古，乃官箴也。如韩公《五箴》、程子《四箴》、朱子各箴、范浚《心箴》之属，皆非本义。"下复出本意评之云："愚谓《诗·庭燎》序云：'美宣王也，因以箴之。'《国语·周语》载召穆公言，亦有'师箴瞍赋'之语。是不特官箴，而下亦得箴其上也。至《宾之初筵》《抑》二诗，虽曰刺诗，亦兼自警，则箴之义广矣。韩公以下诸箴，于本义未必不合。"姚氏底见解，实在曾氏之上。

李翱论铭，谓："盘之辞可迁于鼎，鼎之辞可迁于山，山之辞可迁于碑；惟时之所纪，不必专切于是物。"这实在是似是而非之论。刘勰已有"观器正名"的话；倘可随意移用，如何能与所铭之物切合。夏商时鼎、彝、尊、卣、盘、匜之类，莫不有铭；汤之盘铭，犹存于《礼记》底《大学》中。"苟日新，日日新，又日新。”寥寥数语，正双关着盘和修德两方面底意义，如何可以移用？不过后来作者日多，凡山川宫室之类，也皆有铭辞，不独施之器物，如刘禹锡《陋室铭》之类，实际上也是变体。

徐师曾谓：“箴是规讽之文，须有警戒切劘[①]之意。”林纾论箴铭作法云：“综言之，陈义必高，选言必精，赋色必古，结响必骞；不必力摹古人，亦自能肖。曾文正间用长短句，亦不碍其体；妙在以散文之体行于韵文中，能拗能转，亦自有神解。”按，颂赞、箴铭二类，自以四字句叶韵者为多，亦不限于四字句，用散文长短句叶韵者，亦不在少数，并非曾国藩始创此体。如崔子玉底座右铭，从“无道人之短，无说己之长”起，至“行之苟有恒，久久自芬芳”止，全篇五言韵语。韩愈底《五箴》，《行箴》《好恶箴》《知名箴》为四字句的韵语，《言箴》《游箴》便是长短句的韵语。曾国藩用长短句，正是学韩愈底作法。所以四字韵语，是颂赞、箴铭原来的韵式，但亦不必拘拘于此。何况颂中还有无韵的呢？我们只须知道这是形式方面之变就是了。

“论说”固然不见得篇篇有关于学术，而其要素却离不了“识”与“理”。“箴铭”亦然。“颂赞”似乎是主观的情感的文章，但也当以“理”为其骨干。且所谓“理”者，往往与作者底学力、识力有关。所以这三类是“著作”，是关于“学识”与“义

---

① 劘　底本作“剧（劇）”。《四明文献集（外二种）· 词学指南》（P.484）云，此乃“西山先生”真德秀语，据改。

理”的，由作者主观出发的。至于“序跋”“注疏”“考订”，则有其客观的所序、所注之书，所考订的事物、学术。所以前三者是“作”，后三者是“述”，论其性质，实为两类。这也是论文体时所当注意的。

第九章

序跋、注疏与考订

《文心雕龙·论说》篇云:“详观论体,条流多品:陈政则与议说合契,释经则与传注参体,辨史则与赞评齐行,诠文则与序引共纪。故议者宜言,说者说语,传者转师,注者主[①]解,赞者明意,评者平理,序者次事,引者胤辞:八名区分,一揆宗论。”刘氏把传注、赞评、序引和议说一总归入“论说”类中,故《文心雕龙》不列“序跋”“注疏”二类。按之实际,则“议”“说”当入“论说”;“传”“注”所以释经,当为“注疏”;“赞”“评”所以叙史,“序”“引”所以次文,当入“序跋”。不应都归入“论说”。

王应麟《辞学指南》云:“序者,序典籍之所以作。《文选》始于《诗序》,而《书序》《左传序》次之。”吴讷云:“《尔雅》曰:‘序,绪也。’序之体,始于《诗》之《大序》。首言六义,次言风

① 主 底本作“注”,据《文心雕龙注》(P.326)改。

雅之变，又次言二南王化之自。其言次第有序，故谓之序也。”徐师曾云:“《尔雅》云:‘序，绪也。’字亦作‘叙’。言其善叙事理，次第有序，若丝之绪也。又谓之大序，对小序而言也。”按，王、吴、徐三氏都以《诗》之《大序》为序跋之起源，盖皆因误以《诗序》为孔子、子夏所作。《诗经》每篇各有极简单之序，或释作意，或述本事，谓之“小序”。惟首篇《关雎》之序特长。“《关雎》，后妃之德也,《风》之始也，所以风天下而正夫妇也；故用之乡人焉，用之邦国焉。”是为《关雎》篇底《小序》，仅述本篇。此下“风，风也”句以后至末，则总论全部《诗经》，谓之“大序”。唐陆德明《经典释文》引沈重之说，以为《大序》孔子作，《小序》孔子弟子子夏与毛公合作。宋程颐说《大序》是孔子所作,《小序》是当时史官所作。此二说，人多信之。其实,《诗序》底作者是东汉卫宏，明明见于范晔《后汉书·儒林传》中。传云:“谢曼卿善《毛诗》，乃为其训。卫宏从曼卿受学，因作《毛诗序》，善得[①]风雅之旨，于今传于世。”此事可谓铁案如山，无可移易。不知隋唐以后诸儒，何以硬把它拉到孔子、子夏身上去。《诗序》，东汉始有之，便不能推它为序跋之源了。《书序》凡百篇，今尚存于《伪古文尚书》之中。篇幅亦极简短，旨在说明每篇《尚书》底作者及原因。《汉书·艺文志·六艺略》云:“……

① 得　底本作“推”，据《后汉书》(P.2575)改。

故《书》之所起，远矣。至孔子纂焉，上断于尧[1]，下讫于秦，凡百篇，而为之序，言其作意。”照这几句话看来，似乎《书序》百篇，确是孔子所作。但《史记·孔子世家》仅云：“序《书》传，上纪唐虞之际，下至秦缪，论次其事。”所谓“序《书》传”，“序”字只是编次之意，并不是给每篇《尚书》作序。故《书序》百篇，经今文家都疑其伪，康有为《新学伪经考》中有一篇《书序辨伪》，言之甚详（见《经学纂要》）。也不能据之为序跋底起源。至于杜预底《左传序》，则其时代更在《诗序》之后了。“序”底名称，亦非因其“善叙事理，次第有序”。序者，为说明他人已成之书，或自己已成之书底篇目次第、编次条例而作，故以“序”名。若如吴、徐二氏所释，则“善叙事理，次第有序”之文，岂仅“序跋”一类而已？“引”者，谓就全书引其端绪（正与西文之Introduction同意），犹今人所谓“引言”“导言”“绪论”之类。“跋”之本义为足后。古书自序皆在书末。自序移书前，于是有所谓“跋”，有所谓“后序”。严格言之，已是序之变体了。

《古文辞类纂》与《经史百家杂钞》，都有“序跋”一类。姚氏自序云：

> 序跋类者，昔前圣作《易》，孔子为作《系辞》《说卦》

---

① 尧（堯） 底本作“周”，据《汉书》（P.1706）改。

《文言》《序卦》《杂卦》之传，以推论本原，广大其义。《诗》《书》皆有序，而《仪礼》篇后有记，皆儒者所为。其余诸子，或自序其意，或弟子作之，《庄子·天下》篇、《荀子》末篇，皆是也。余撰次古文辞，不载史传，以不可胜录也。惟载太史公、欧阳永叔表、志序论[①]数首，序之最工者也。向、歆奏校书，各有序；世不尽传，传者或伪。今存子政《战国策序》一篇，以著其概。其后目录之序，子固独优已！

姚氏以孔子《系辞》诸篇为序跋之源，较王、吴、徐三氏以《诗序》为序跋之始之说，确胜一筹。欧阳修底《易童子问》，虽疑《系辞》非孔子自己所作，因屡有“子曰”字，疑为弟子所记；但即使出于孔子弟子之手，仍在卫宏之前。前圣作《易》，指伏羲画八卦，文王重卦并作卦辞、爻辞而言（此亦有异说，详见《经学纂要》），是为《易》之经。孔子所作诸篇，则为《易》之传（汉人引《系辞》，皆曰《易大传》）。《序卦》说六十四卦之次序，故有“序”称。序之名当始此。《庄子·天下》篇于先秦诸子各有褒贬，惟老聃、关尹无贬辞，而于庄周，则备极推崇，故有疑为其弟子所作者。《荀子》末篇为《尧曰》，似是仿《论语》的。诸子中以“叙”名篇的，实以《吕氏春秋》底《叙意》篇为最早。司马迁

① 论 底本脱，据《古文辞类纂·姚鼐原序》（P.15）补。

底《太史公》(《史记》原名)末篇为《太史公自序》，虽亦为七十篇列传之一，确是一篇自序之文。左思作《三都赋》，既自序之，又求序于皇甫谧；此求人作序及一书两序之始。曾氏序云：

> 序跋类，他人之著作，序述其意者。经如《易》之《系辞》,《礼记》之《冠义》《昏义》皆是。后世曰序、曰跋、曰引、曰题、曰读、曰传、曰注、曰笺、曰疏、曰说、曰解，皆是。

曾氏以“他人之著作，序述其意者”为序跋类底界义，是错误的。序跋类中，自序不是极多吗?《礼记》底《冠义》《昏义》是阐明《仪礼》《士冠礼》《士昏礼》二篇底意义的，所以也可以说是序跋之文。“序”“跋”“引”三名底取义，已见前。姚氏《古文辞类纂序》于“赠序”类曰:“苏明允之考名序，故苏氏讳序曰引。”苏洵有《族谱引》，就是一篇族谱序。“题”字从“页”“是”声，本义指“额”(凡从页之字，皆指头部，如頭、额、颧、頯、颈、颐……页本象人之面部)，所以写在卷端的也叫做“题”。例如赵岐底《孟子题辞》。“读”者，读毕此书此文后，记其感想、考据或批评。如韩愈有《读仪礼》《读墨子》。柳宗元底《辩列子》《论语辩》，实际上也是“读”底一类。亦有称“书后”的，如王安石《书李文公集后》。其称“后序”者，则与“跋”相同，如韩愈底

《张中丞传后序》。至于“传”“注”“笺”“疏”……则与“序跋”不同；前者是随文释义的，后者是总括全书的。

前圣所作曰“经”，后贤释经曰“传”。如孔子所作之《春秋》为经；公羊高、穀梁赤、左丘明释《春秋》经之作，则为《春秋公羊传》《春秋穀梁传》《春秋左氏传》。《公羊》《穀梁》主释《春秋》之义例，为训诂之传，是“传”底正体;《左传》主详《春秋》之事实，为记载之传，是“传”的变体。因为《左传》底例和《公》《穀》二传不同，故西汉博士谓“左氏为不传《春秋》”(见刘歆《移让太常博士书》，参阅《经学纂要》)。西汉经师，此类之传甚多，如《韩诗内传》《韩诗外传》《毛诗诂训传》……“注”，俗作“註”。段玉裁云:“汉唐宋人经注之字无有作‘註’者，明人始改‘注’曰‘註’。”《周礼》“天官冢宰注”疏云:“注者，于经之下，自注己意，使经义可申，故云注也。”汉儒经注甚多，如郑玄《周礼注》《仪礼注》《礼记注》，服虔《左传注》。亦谓之“笺”。《字林》云:“笺，表也，识也。”郑玄《六艺论》云:“注《诗》，宗毛为主。毛义若阴晦，则更为表明；如有不同，便下己意，使可识别也。”郑玄有《毛诗笺》。“笺”与“传”“注”，同为释经之文。或称为“诂”，字亦作“故”。郝懿行《尔雅义疏》云:“诂之为言，故也；故之为言，古也。诂通作故，亦通作古。”盖以今语释古语，故谓之“诂”，或曰“训诂”，或曰“故训”，其义均同。汉世经师所作，如《诗》有《鲁故》《齐后氏故》……

“章句”者，本指分章断句而言，后乃并加注解。如《书》有《欧阳章句》《大小夏侯章句》……“解”字本有分析之义，故析经义、文义之文，亦谓之解。如《韩非》有《解老》，何休有《公羊解诂》，何晏有《论语集解》。《礼记·檀弓》注云：“说，犹解也。”如《诗》有《鲁说》《韩说》，许慎底《说文解字》即以“说”“解”二字名书。“疏”，通也。注有未明，又加疏以通之，所以“疏”是注解底注解。义疏之作，本起于六朝；唐孔颖达等奉敕所撰《五经正义》，都是“疏”。宋光宗时乃合刊为《十三经注疏》，此书至今尚存。清代经学家于诸经皆有新疏，远胜前人（详见《经学纂要》）。注疏并不限于释“经”。“子”“史”“集”三部之书亦有之。子部如《老子邻氏传》《老子徐氏说》《庄子郭象注》《庄子成玄英疏》；史部如《史记司马贞索隐》《史记裴骃集解》《史记张守节正义》；集部如[①]《楚辞王逸章句》《文选李善注》《杜诗钱谦益笺》……至如僧智恺底《大乘起信论大意》《维摩诘所说经玄疏》，则更旁及于佛书了。而且有些书，本文底价值，反有不及注的，如裴松之底《三国志注》，郦道元底《水经注》，王念孙底《广雅疏证》之类。以上种种，统称之曰“注疏”类。

“注疏”类和“序跋”类不同。前者重在随文释义，就一段一句解说；后者重在统摄全书，就篇目作意说明。此其一。前者是绝对的理智的说明，虽间有叙事的，其目的仍在说明，抒情的文

① 如　底本脱，据文意补。

章在注疏中是找不出来的；后者虽亦属于理智的、说明的，但尽有叙述详尽的事实者（如《史记·太史公自序》《汉书·叙传》，前半皆自叙家世生平），有发抒浓厚的情感者（如欧阳修《苏子美文集序》，即侧重情感方面）。此其二。所以这二类应当分列，不应当合成一类。

如姚、曾二氏所举之《易·系辞》，按之实际，非“序跋”，亦非“注疏”。因为它既非说明《周易》全书底义例、作法，亦非解释《周易》底字句的。它是一篇探赜索隐、提要钩玄的“论说”。所以无论是议论，是说明，凡是旨在阐发微言大义，而不拘拘于某书之义例作意、某篇之字句解析的，便应归入“论说”，而不当入之“序跋”“注疏”。所以如戴震之《孟子字义疏证》，书名虽似注疏，其实是发挥他自己底“情感哲学”底主张的，决不当把它们归入“注疏”类中。

此外，经学家、史学家、目录学家、考古学家又有考证源流、校订真伪的文章，其性质效用，又和“注疏”不同。如宋郑樵之《诗序辨妄》、王应麟底《诗考》，清阎若璩底《古文尚书疏证》、姚际恒底《古今伪书考》，以及宋刘恕底《疑年谱》，宋[①]倪思底《班马异同》，清崔述底《考信录》，近人崔适底《史记探原》。关于经史的种种著述推而及于专究金石、陶瓷、笔墨……的考据，和近人端方、罗振玉、王国维诸君研究甲骨的文章，可以特立一

① 宋 底本作“明”，据史实改。

类，名曰“考订”。这类文章，虽也重在学理上的证据，不能单凭主观的理智空空洞洞地发议论、下断定的，但又和序跋之专就一书、注疏之专就一句一字加以说明者不同。

其收集材料，尚未有严密的组织、尚未成系统的著述者，则有所谓“札记”。此类札录，初但条记见闻，为备忘之用而已，后或预备为注疏、考订之用；但虽裒然成帙，而未著为专书，其价值或反在一般浅薄的专著之上。如宋王应麟之《困学纪闻》，明末顾炎武底《日知录》，清王念孙底《读书杂志》，王引之底《经义述闻》，俞樾底《群经平议》《诸子平议》，近人章炳麟底《菿汉微言》之类。亦有专就某某书札录者，如清梁玉绳底《史记志疑》，赵翼底《廿[①]二史劄记》，崔述底《读风偶识》之类。此皆为注疏、考订等储材之用，即就其内容加以分析，亦不外注疏、考订二种性质；所以论文体时，不必为它们特立一类。

明清科举时代，有一种很奇怪的文体，叫做“八股文”。八股亦曰“八比”。因为这种文章底格式，限制甚严，用功令规定，必须具有下列八股（一股亦称一比），故名。八股者，一曰“破题”，以二句道破全题之意义（梁章钜《巧对录》载一以“锯板”为题之破题云：“送往迎来，其所厚者薄矣。”集《中庸》《大学》各一句，恰将“锯板”之题意道尽）；二曰“承题”，伸明破题之

① 廿　底本作“二十”，据史实改。

意；三曰“起讲”，亦称“原起”，为一篇开讲之处；四曰“提股”，亦曰“提比”，为起讲后入手之处；五曰“虚股”，亦称“虚比”，承提股之后；六曰“中股”，亦称“中比”，为全篇之中坚；七曰“后股”，亦称“后比”，畅发中股未尽之义；八曰“大结”，为全篇之总结。“股”即是段落的意思，“比”是排比，提比、虚比、中比、后比四股，必须每股做成相排比、相对偶的文章。八股文不但格式有规定，字数也有规定。清初顺治时，四百五十字，康熙时增至五百五十字，后又渐增至六百字。不但限定格式字数，题目也限定出在四书中，故又有“四书文”之名。而且规定照朱子底注解，而且规定用“代言体”。代言体者，即所谓“代圣人立言”。如所出题目是孔子底话，便须照孔子底口气做。因此，凡孔孟以后的史事，都不能用进去。因此，尽有八股名士没有看过历史的。题目既限用四书底语句，自然有出完的日子。清末石印术输入以后，书贾揣摩投考人底心理，用四书上所有的语句为题，做成八股文，以石印小本印成，以为入场夹带之用，如所谓《大题文府》《小题文府》《大题正鹄》《小题正鹄》之类。为了上述二种原因，命题的主试官，便也想出勾心斗角的花样来了。于是有所谓“截题”，截取半句四书为题，如以“学而时习之”底“学而”二字为题；有所谓“截搭题”，截取前后二章底末句、首句之半，搭合为题，如截取《论语·季氏》篇末句“异邦人称之亦曰君夫人”底末三字，及《阳货》篇首句“阳货欲见孔子”底前三字，搭成“君夫人阳货欲”六字为题。这真是无理取闹而已！此种文章专用以考试，因系功令规定，故又称“制艺”。那时所谓古文家者，多不屑致力于此，因又有“时文”之称。以八股文取士之制，起于明宪宗成化时，至清德宗光绪末始废。顾炎武曾有“八股之害，甚于焚书”之类，因为它束缚思想、桎梏性灵，许多人底聪明才力，都被摧残了。这种文体，实起于宋之“经义”。经义本是解释经书意义的文章，虽非注疏，实与注疏之文相近。经义盛于王安石秉政时。后来，王安石所定的《周礼义》等书用作考试[①]士子，经义准则之功令虽废，而经义反一变而为“四书文”了。所以梁杰《四书文源流考》有云：“南宋杨诚斋、汪六安诸人为之椎轮，文文山居然具体。”则八股文之由来远矣！至元仁宗延祐中，定科举考试法，于是王充耘始造“八比”之法，而有《书义矜式》之作，八股文乃具雏形。不过明清以后，益变本加厉而已。这种文体风行了三百几十年，才得废除。由我们现在看来，真是所谓“难能而不可贵”的文章底游戏，径直可以说“宇宙间不当有此文体”！所以，论文体者从不曾为它特立一类。可是事实上，则自明宪宗至清德宗间之三百多年，确曾有过这种奇怪的文体，风行一时，而且是出于解经的“经义”的，所以在这里附带地提及一下。

① 试 底本作“场”，据文意改。

第十章 ○

赠序、书牍与契约

赠序本为赠别的诗歌作序，原出序跋，其后乃有无诗而作序者，实为赠序之变体，前已述及。韩愈《昌黎集》中，虽尚有明言为赠别之诗作序者（例如《送窦从事序》云：“……其族人殿中侍御史牟合东都交游之能文者二十有八人，赋诗以赠之。”《送杨少尹序》云：“……又为歌诗以劝之，京师之长于诗者亦属而和之。”《送石处士序》云：“……遂各为歌诗六韵，遣愈为之序云。”《送韩侍御序》云：“……皆相勉为诗以推大之，而属余为序。”诸如此类，不一而足），但无诗之赠序已多。自此以后，作序赠人者更多，且十之九是不为赠别之诗作序的。所以赠序不得不脱离序跋附庸的地位，独立为一类。无诗的赠序，但以赠言忠告，或道惜别之意，其性质与用途已远于序跋而近于书牍了，所以本章把它和书牍连在一块儿说。

姚氏《古文辞类纂》中是有赠序类的，序云：

> 赠序类者：老子曰，“君子赠人以言”；颜渊、子路之相违，则各以言相赠处；梁王觞诸侯于范台，鲁君择言而进：所以致敬爱、陈忠告之谊也。唐初赠人，始以序名，作者亦众。至于昌黎，乃得古人之意，其文冠绝前后作者。苏明允之考名序，故苏氏讳“序”，或曰“引”，或曰“说”；今悉依其体，编之于此。

按,《史记·孔子世家》记孔子适周见老子事。孔子辞去时，老子曰:“吾闻富贵者送人以财，仁人者送人以言。吾不能富贵，窃仁人之号，送子以言曰:‘聪明深察而近于死者，好议人者也；博辩广大而危其身者，发人之恶者也。为人子者，无以有己；为人臣者，无以有己。’”据此看来，则老子确是赠人以“言”，并非赠人以“文”。《礼记·檀弓》载孔子弟子子路去鲁时谓颜渊曰:“何以赠我?”颜渊曰:“吾闻之也：去国，则哭于墓而行；反国，不哭，展墓而入。”因谓子路曰:“何以处我?”子路曰:“吾闻之也，过墓则式，过祀则下。”所谓“赠”，是送者底赠别；所谓“处”，是行者底留别。但他们底赠别、留别，也都以“言”，不以“文”。至于梁王觞诸侯，鲁君所进的，也是“言”而不是“文”(见《战国策·魏策》)。姚氏以此为赠序之起源，未免太远。乡先辈夏伯定丈(名震武)以《诗·邶风》底《燕燕》、《秦风》底《渭阳》为赠序之始。按,《燕燕》为卫庄姜送戴妫大归之诗,《渭阳》为秦康公送其舅重耳之诗（旧说如此），是赠别的“诗”，而非赠别的“序”。傅玄、潘尼既有赠序，则其名亦不始于唐。唐人作赠序，始变古人之体，所以虽无送行之诗，亦有赠别之序，而变体始多。从前人论文，往往于正体、变体妄分轩轾，如《诗经》中之“正风”“变风”、“正雅”“变雅”。其实，文体之变，多由于社会情形之变迁，人生需要底不同，本无所用其轩轾。所以我虽认韩愈集中无诗的赠序为变体，并没有轻视它们的意思。姚氏谓韩序底赠序“冠绝前后作者”，却并不是虚誉，并不是阿其所好。所以曾氏《经史百家杂钞》虽删赠序类，而序跋类中所录的赠序四篇，韩氏之作，即占其三。可见他也未能割爱了。姚氏所说苏氏谓序曰“引”，前章述序跋类时，亦曾提及。苏洵有《送石昌言为北使引》，是其证。也有明是赠序，而另立一题目的，如韩愈有《爱直赠李房别》，苏轼有《日喻赠吴彦律》，归有光有《守耕说》。至于苏洵底《仲兄文甫字说》《名二子说》，归有光底《二子字说》《张雄字说》，则为说明取名字意义而作，是远从《仪礼·士冠礼》中的“字辞”出来的，可以说是赠序类之另一体。

从赠序引申出来的，尚有所谓“寿序”。此种文章，元代已有之，至明而始盛。追溯其初，也是为祝寿的诗作序的。例如明李东阳有《寿左都御史闵公朝瑛七十诗序》。他开首便说：“闵公朝瑛寿七十，同年进士之在朝者……各赋诗一章，会贺其家；谓东阳宜序首简。”末了又说：“其诗则以齿为次。”正是为诗作序的明证。以后，也和赠序一样，有无诗而徒作序的变体了。现在，则请人做了寿序，请人写成屏条，当成一种隆重的寿礼了。寿序也有理由很正当、措词很得体的文章。但是后来文人以寿序卖钱，不问做寿的是何如人，一概进以谀辞，于是寿序乃较谀墓之文，更为卑鄙。曾国藩所斥为“天地间不当有此种文体”者，想因此类寿序而发。清末，则寿序之外，又有贺序：结婚有序，得科名有序，升官有序，新造房屋也有序。所谓“序”，乃成极滥极俗的应酬文章，那更是所谓“自桧以下，可以无讥”了！

“论说”“颂赞”“箴铭”“序跋”“注疏”“考订”以及“赠序”，不是人人所必需，不必人人皆能作。至于“书牍”，则其用普遍于人人。这一类底名称，姚曰“书说”，曾曰“书牍”。因为姚氏把春秋战国时士大夫面相告语之辞，也选入此类，故不曰“书牍”而曰“书说”。《古文辞类纂序》云：

> 书说类者，昔周公之告召公，有《君奭》之篇。春秋之世，列国士大夫或面相告语，或为书相遗，其义一也。战国说士说其时主，当委质为臣，则入之“奏议”；其已去国，或[①]说异国之君，则入此编。

① 或 底本作“及”，据《古文辞类纂评注·姚鼐原序》（P.16）改。

按,《君奭》为《尚书》之一篇;召公名奭,故以“君奭”二字名篇。春秋士大夫面相告语者,如郑子产至晋献捷时答晋人问;为书相遗者,如晋叔向诒书郑子产:均见《左传》。战国时,张仪、司马错论伐蜀,因二人时皆仕秦,故入奏议类。乐毅报燕惠王书,作于去燕之后;张仪说楚怀王,是说异国之君,故均入此类。姚氏以《尚书·君奭》为书说之原,且于战国说士之辞,加以区别,都是合理的。曾氏则云:

> 书牍类,同辈相告者。经如《君奭》,《左传》郑子家、叔向、吕相之辞,皆是。后世曰“书”,曰“启”,曰“移”,曰“牍”,曰“简”,曰“刀笔”,曰“帖”,皆是。

曾氏以作者与受者地位底关系为“诏令”“奏议”“书牍”三类分别之标准,故谓“书牍”类为“平辈相告者”。其实,“诏令”“奏议”是公文,“书牍”是私函,其分别在“公”“私”性质之异,而不在地位上下之分。故“书牍”也有“上告下者”,如尊长致卑幼之函件;也有“下告上者”,如卑幼致尊长之函件;也有“平辈相告者”,如朋友及亲族平辈往来之函件。所以曾氏所下的界义,颇不妥当。曾氏以《君奭》为书牍之原,与姚氏同。惟于子家既称“郑”,则叔向、吕相之上亦当加一“晋”字。且吕相绝秦,是外交辞令,如以公私分,即不当入之书牍。

至于书牍之名，以“书”为最普通。如司马迁有《报任少卿书》,《文心雕龙·书记》篇云:“书者，舒[①]也；舒布其言，陈之简牍也。”“启”，亦称“启事”。《书记》篇又云:“启者，开也；开陈其事也。”[②]《通俗文》谓:“官信曰启，亦曰启事。”虽史称山公启事，而书牍名启者，实不多见。“移”与“檄”相近，本为公文之平行者。如刘歆《移让太常博士》，此“文移”之首；陆机《移百官》，为“武移”之首（见《文心雕龙·檄移[③]》篇）。“简”与“牍”，以竹、木分。古代以竹、木代纸，用竹者曰简，用木者曰牍。《书记》篇云:“简者，略也，言陈其大略也。”[④]此望文生训，与原义不合。“竿”“笺”，亦竹简之别名。故竿牍即简牍；而戴震《东原集》中有《与人笺》，亦书牍之文。牍者，薄的木板。今人称书信曰“尺牍”，即因古代书信之牍皆长一尺。木牍又有“札”“牒”“牋”之称。用木的“牋”，实和用竹的“笺”相同。吴质有《与魏太[⑤]子牋》，晋王羲之[⑥]有《遗会稽王牋》，可见其并

---

① 舒　底本作“布”，据《文心雕龙注》（P.455）改。

② “启者，开也”见于《文心雕龙·奏启》,“开陈其事”未见于《文心雕龙》。《资治通鉴》（P.2880）“子远启曜”胡三省注云:“启，开也；开陈其事以白于上谓之启。”

③ 檄移　底本作“移檄”，据《文心雕龙注》（P.377）改。

④ 此语未见于《文心雕龙》，载于《文体明辨》卷三一:“按刘勰云:‘书记之用广矣。’……启，开也，开陈其意也……简者，略也，言陈其大略也。”作者或因误解此处引文起讫而误。

⑤ 太　底本脱，据《全上古三代秦汉三国六朝文》（P.2442）补。

⑥ 王羲之　底本作“简文帝”。简文帝即会稽王。《全上古三代秦汉三国六朝文》（P.3160、3155）载有王羲之、王彪之《与会稽王笺》，酌改。

不拘于上行或下行。黄庭坚称他自己底书牍曰“刀笔”，较为生僻，而且和现在一般人称作[1]诉状的人为“刀笔”，易于混淆。古代用竹简、木牍代纸，以漆书或以刀刻；即书漆者，其笔亦非毛笔，一端为挑漆之笔，一端为刀。故孔子作《春秋》，笔则笔，削则削。此“刀笔”之名所由来。至谓作诉状者为“刀笔”，那又是“我有笔如刀”底意思了。至于“帖”，本指书于缣帛者而言。虽东汉蔡伦已发明造纸，而此后用帛作纸者尚多。王羲之所作诸帖，及颜真卿底《争坐位帖》《乞米帖》等，现在还把它们作习字的范本用哩。

赠序、书牍二类之文，本以道离别、怀念之情为主，但也有叙事、说理之作。古虽有临别赠言、临别赠诗的，但言则仅为简短之辞，诗则为歌咏之体。自有为赠别之诗而作的序，继又变为无诗的赠序，乃方有成篇的赠别之文。唐初诸贤作赠序，多未脱骈文窠臼，下语亦多凡近。如陈子昂为初唐大家，其《别中岳二三真人序》有云：“悠悠何往，白头名利之交；咄咄谁嗟，玄运盛衰之会。”即以骈文而论，亦非上乘。韩愈集中，赠序甚多。《送董邵南序》以吞吐曲折胜，《送杨少尹序》以生动活泼胜，《送郑尚书序》以奇奥胜，《送石处士序》以滑稽胜，故姚氏推他为“冠绝前后作者”，确非虚语。寿序本亦为祝寿之诗作序，已如前

① “做”“作”二字，此书使用颇为随意。现酌情局部统一。类似处亦然。

述；即有无诗而作者，亦但申祝其永年，或摭一二足以为寿征之事，藉以铺张成文而已。而后来寿序多以金钱购人代撰，致多谀辞。故顾炎武亦深恶之，不但曾氏而已。方苞虽亦谓“寿序为有道君子所耻为”，而其集中终不免仍有此类作品。难道是风尚所趋，贤者亦未能免俗吗？

书牍之文，大之则论政、论道、论学、论文，小之则日常细故，曲折微情，无不可于书牍中言之。但语气之卑亢、称谓之隆杀，一有不当，或贻笑亲故，或开罪师友，关系自亦不小。从前用文言文写信，款式、称呼等，各有一定，不能稍有疏忽。现在用语体文写信，款式已简易得多了，但称呼仍有须注意者。例如师生之间的称呼，现在通用“先生”“学生”。但“先生”已成为一种极普遍的称呼，用以称业师，终觉不很妥贴，于是有沿用“夫子”的。“夫子”一词，古代本以指妇女底丈夫，例如《孟子》所云“毋违夫子”。则女学生称男教师为“夫子”，也不妥了。实则现在妇女也往往称她们底丈夫为“先生”，正和古人用“夫子”相同。所以我认为不如径称“老师”。这不过举一端为例，此外关于称呼的问题，正多着哩！又如一般人写明信片，往往于收信人姓名称呼下用“启”字，于发信人姓下用“缄”字。试问明信片如何要“缄”？如何要“启”？这些都是小节，尚且须加注意，何况文句中的语气呢？总之，书牍是日常应用的文件，而其款式等等，都有习惯的例行的格式，一不留心，便易被人传为笑柄。因为这些和文体论无甚关系，所以略而不论，希望读者于平时到处留心而已。

书牍文底作法，第一须明了作者自己底立场，以及和收信人底关系，就其尊卑亲疏，斟酌语气。不可太亢，致流于傲慢；不可太卑，致流于谄媚；不可太亲，致觉狎亵；不可太疏，致觉冷淡。即便问候寒暄，亦须忌套语，勿使人厌其陈腐；固须叙写怀念，亦宜避滥调，勿使人徒感肉麻。如其有所叙述，亦须力戒繁冗，因为太噜苏了，易使阅者厌倦；如其有所规勉，亦须措词婉转，因为忠告终贵善道，巽与之言，反易令人悦服。至于论人论事，宜以恕道出之；论学论文，宜以虚心出之。若遇作苛论以求快意，强为武断以致露褊衷，不但非书牍之上乘，亦不合于做人的道理、学者底态度。学书牍文，和学他种文章一样，当多读名人之作。但古人书牍，如司马迁《报任安书》，辞气纵横，以回肠荡气之法，抒其抑郁愤懑之情，是其所长；但未能以平心静气出之，终未达炉火纯青之候。杨恽《报孙会宗书》，盛气语更多了。嵇康《与山巨源绝交书》，出语较杨恽更为率直；惟其胸怀本自淡泊，故能出语隽妙。至宗臣《报刘一丈书》，虽描绘当时官场丑态可谓妙肖，但竟以慢骂的态度出之，未免有伤大雅。侯方域《与阮光禄书》，讽刺深刻，而以吞吐之法出之，也可算是一篇妙文；但终有疾之已甚，反致激其倒行逆施之嫌。所以古来有名的书牍，也各有其长处短处，读者须加以辨别。总之，抒情贵真挚而切当，叙事贵简要而明白，措辞贵妥适而自然，能使情意宣达如分，阅者发生共鸣，才是一封好的书牍。

电报用私人名义拍发者，亦属于“书牍”类。但电文须力求简明，问候客套，均须删尽。电文既以简明为贵，自不能作波澜翻腾、摇曳生姿的文章。所以虽亦属书牍类，而作法不同。发电日期，尚以韵目代之（如一日为“东”，二日为“冬”……），其他文字之应力求简短可知已。因为电报是现在常用的，所以也附带提及一下。

“书牍”是给一个人或特定的少数人看的，“广告”则是给一般人看的，所以二者底程式、用途迥然不同。现在刊登在日报杂志上的、张贴在公共场所的广告，触目皆是。有营业性质的（如商店的广告），有法律性质的（如律师代人登报的广告），有通知或警告（如普通人事的广告），劝谕（如宗教性质的广告）或对辩的（如双方辩难的广告），种类极多。且往往附有图画，或故作新奇的形式句语，以引人注目。总之，以明白而能吸引人们底注意为主，切忌噜苏晦涩，也用不着什么古雅深奥的文章。广告之文，从前虽为一般文人所不屑道，但确是现在社会上所需要、所应用的文章，我们不能不承认事实上有这一类文章存在。因为它虽和书牍文不同，但也是私人的“告语”之文底一种，所以把它附在书牍之后。

“柬启”，较“广告”尤和“书牍”相近，而其用之繁却不下于广告。如喜事（结婚、生子所发柬帖……），寿事（征寿诗、寿文的“启”，及请酒的柬帖），丧事（讣闻及丧事所用柬帖等）及其他各种人事应用的柬启，都是和书牍同为私人告语的文件。柬帖底格式颇简单，而且差不多是固定的，只须不把格式弄错，便妥当了。只有“讣闻”，从前照例用“不孝某某罪孽深重，不自陨灭，祸延……”等语，似乎有改良的必要（现在有用“侍奉无状”等语的，较旧式为佳）。至于寿启、哀启，却须做几句文章了，这类文章，最易犯的弊病，便是对于子孙的叙述过于铺张，对于做寿的或死者底本身，反极简略。因为寿事、丧事场面较大的，其子孙必较有地位或资财，而做寿的或死了的父母或祖父母倒是贫苦出身的。子孙所以替他们大做其寿，大办其丧事，有许多是藉此示自己底阔绰的。自己先存一趁此撑场面的心，所以那篇“启”，便易侧重到子孙身上去而不切本题了。“哀启”即使请人代撰，例由子孙具名，寿启则有由亲友具名者。但由至亲至好具名，原无不可，若拉凑素无关系的闻人显宦具名，则又大可不必。

此外，尚有私人间订立的“契约”，虽非“告语”底正体，但因它也是关于人事的彼此双方之间的一种文件，故亦附入“告语门”中，列为一类。契约，是规定双方当事人底权利、义务的，种类亦很多，如借贷的契约、租赁的契约、买卖的契约、合作的契约、聘佣的契约……或仅对人，或兼对物，种类不同，形式亦异。有用合同式，双方各执一纸者（如房屋租赁、营业合作之类），亦有由一方单独立具契约者（银钱借贷，仅由贷方立借据；财产买卖，仅由卖方立契据之类），但须有作证的居间人，必经双方同意，则为各种契约的共同之路。只有学校聘请教师的聘约，教师应聘书，则并没有所谓中人、证人。结婚证书，按之实际，也是一种契约。契约虽为私人间所订，在法律上是有效力的；所以字句须力求明确，不致后来发生疑问或误解，方为合式。契约之文，因为不必求其文采、声调之美，故为从前论文者所视为卑不足道，文体论中，亦未提及。然在应用方面，却是普遍而需要的，所以特增此类，以附于告语门中。

第十一章 ○

公文

前人论文体，都列“诏令”“奏议”为两类，其实，这两类都是“公文”，不过有下行、上行底分别而已。《文心雕龙·诏策》篇云：

> 昔轩辕、唐、虞，同称曰“命”。其在三代，事兼诰、誓：誓以训戎，诰以敷政……降及七国，并称曰“令”；令者，使也。秦并天下，改命曰“制”。汉初定仪，命有四品：一曰“策书”，二曰“制书”，三曰“诏书”，四曰“戒敕”。“敕”戒州部，“诏”诰百官，“制”施赦令，“策”封王侯。

姚氏《古文辞类纂序》云：

> 诏令类者，盖原于《尚书》之誓、诰。周之衰也，文诰

> 犹存，昭王制，肃强侯，所以悦人心而胜于三军之众，犹有赖焉。秦最无道，而辞则伟。汉至文、景，意与辞俱美矣，后世无以逮之。光武以降，人主虽有善意，而辞气[①]何其衰薄[②]也！檄，令，皆谕下之辞，故附入之。

曾氏《经史百家杂钞序》云：

> 诏令类，上告下者。经如《甘誓》《牧誓》《大诰》《康诰》《酒诰》等皆是。后世曰“诰”、曰“诏”、曰“令”、曰“谕”、曰“教”、曰“敕”、曰“玺书”、曰“檄”、曰“策命[③]”，皆是。

刘、姚、曾三氏，皆以《尚书》底誓、诰，为诏令类底起源。誓是告诫军旅的下行公文，如《汤誓》《牧誓》等；诰则是告诸侯或民众的关于行政的下行公文，如《大诰》《洛诰》。前人常说“诏”始于秦，实则周文王已有《诏牧》《诏太子发》二篇了。秦改“命”曰“制”，而汉代有“制诰”之名，可见制、诏二者，本没有什么分别。唐初，制、诏并用；武后名曌，讳嫌名，故改“诏”

① 气　底本作“意”，据《古文辞类纂评注·姚鼐原序》(P.16)改。
② 薄　底本作“落”，据《古文辞类纂评注·姚鼐原序》(P.16)改。
③ 命　底本作“令”，据《经史百家杂钞今注·序例》(P.2)改。

称“制”。宋有知制诰之官，则制、诰本无甚分别了。但宋以后，诰多用于封赠官爵，故有“诰封”“诰赠”等名称。“谕”如汉高祖有入关诰谕；后世出自天子者，谓之“上谕”。官府布告民众，则但曰“谕”而已。“命”“令”二字本同义。《尚书》之《说命》《冏命》，则以命官；《微子之命》《蔡仲之命》，则以封爵。战国时概谓之“令”。秦法，皇后、太子称“令”。及汉高祖有《大赦[①]天下令》，则已不限于皇后、太子了。“教”则臣下对其属吏用之，如诸葛亮有《与[②]群下教》。“敕”，有戒敕之义。唐有废置州县、增减官吏、发兵除官之“发敕”，有答百官奏请之“敕旨”，有戒约臣下之“敕书”，有随事承制之“敕牒”。宋有“敕榜[③]”“敕命”。“策”则有用以封爵者，如汉武帝《封齐王策》；有用以策问者，如汉武帝《贤良策》。“玺书”，可以说是一种非正式的诏令。如光武赐窦融玺书。所以不用正式的诏令者，因为那时窦融还不是光武底臣子。“檄”，始于张仪《檄楚相》，司马相如亦有《喻巴蜀檄》。其后则多用于讨伐军旅之事，如袁绍讨曹操，陈琳替代作檄。和檄相类的，还有“露布”，如贾洪为马超作《讨曹操露布》。此外，又有所谓“册书”，亦曰“策书”，“册”“策”本为一音之转。徐师曾《文体明辨》把它分做十一类：一曰“祝册”，

---

① 赦　底本作“敕”，据文意改。

② 底本“与”前衍“与”，据文意删。

③ 榜（牓）　底本作“牓”，据《宋史》（P.3783）改。

郊祀祭享用之；二曰“玉册”，上尊号于帝后时用之；三曰“立册”，立帝后及太子用之；四曰“封册”，封诸王用之；五曰“哀册”，迁帝后梓宫（棺材）及太子、诸王、大臣死时用之；六曰“赠册”，赠官时（死后追赠）用之；七曰“谥册”，赐大臣谥时用之；八曰“赠谥册”，兼上二者用之；九曰“祭册”，大臣死，赐祭时用之；十曰“赐册”，赐臣下时用之；十一曰“免册”，赦免时用之。又有“铁券文”及“九锡文”。铁券者，以铁券铸词丹书之，以赐功臣。史称汉高祖既定天下，刑白马，与功臣盟，铁券丹书，刻符示信，藏之金匮石室，是为铁券之始。九锡本亦为国家优待功臣之殊典。自王莽、曹操以后，则所谓“加九锡”者，几为权奸篡[①]位以前例有的故事了。“批”者，对于下属上行公文之批示，始于唐代。宋以后，则天子曰“批答”，臣下有司则仅曰“批”；现在官府答复人民呈文，还沿用这名称。至于“判”，本为两造判曲直之公文，现在司法官底“判词”，也还沿用其名。

据上所述，则凡是下行的公文，都可归入“诏令”，而大部分则指帝王告臣民的公文而言。古代诏令之文，都用散文；六朝文尚骈俪，诏令亦用其体；中唐以后，散文又渐渐地抬起头来；而宋代底诏令，却变本加厉地采用“四六”。唐德宗时，诏令多出陆贽之手，虽亦用骈体，而史称诏书所到，虽骄将悍卒亦有感动甚

① 篡　底本作“纂”，据文意改。

至流涕者；宋苏轼拟黜吕吉甫诏，亦一时传诵：可见用骈文四六的诏命，也未尝没有好文章。明代诏令，最不讲究，如世宗嘉靖间枉杀杨继盛的手敕，甚至用“这厮且交镇抚司好生打着”的话，真是伧夫口吻了。清代上谕也常用“知道了，钦此”等话，亦病其伧俗。但如苏绰底动辄摹拟《尚书》，自以为古，亦不足取。

诏令是下行的，奏议则是上行的。《文心雕龙·章表》篇云：

> 周监二代，文理弥盛……言事于主，皆称“上书”。秦初定制，改书曰“奏”。汉定礼仪，则有四品：一曰“章”，二曰“奏”，三曰“表”，四曰“议”。章以谢恩[①]，奏以按劾，表以陈情，议以执异。

《章表》篇之外，又有《奏启》《议对》两篇。《奏启》篇有云：

> 秦汉之辅，上书称“奏”……奏者，进也；言敷于下，情进于上也……自汉以来，奏事或称“上疏”……启，开也；高宗启沃，取其义也。孝景讳启，故两汉无称。至魏国笺记，始云启闻[②]。奏事之末，或云谨启。自晋来盛启，用兼表奏。

---

① 恩 底本作“思”，据《文心雕龙注》（P.406）改。
② 始、闻 底本脱，据《文心雕龙注》（P.423）补。

《议对》篇则云:“轩辕有明台之议，其来远矣。”照刘氏所说看来，似乎“章表”“奏议”“议对”，应当分作三类。实则此三类都是上行的公文，所以姚、曾都总为“奏议”类。《古文辞类纂序》云:

奏议类者，盖唐虞三代圣贤陈说其君之辞,《尚书》具之矣。周衰，列国臣子为国谋者，谊忠而辞美，皆本谟、诰之遗意，学者多诵之。其载《春秋》内外传者不录，录自战国以下。汉以来，有“表”“奏”“疏”“议”“上书”“封事”之异名，其实一类。惟“对策”，虽亦臣下告君之辞，而其体少别，故[①]置之下编[②]。两苏应制举时所进时务策，又以附对策之后。

《经史百家杂钞序》云:

奏议类[③]，下告上者。经如《皋陶谟》《无逸》《召诰》及《左传》季文子、魏绛等谏君之辞，皆是。后世曰“书”、曰“疏”、曰“议”、曰“奏”、曰“表”、曰“劄子”、曰“封事”、曰“弹章”、曰“牋”、曰“对策”，皆是。

---

① 故　底本作“今”，据《古文辞类纂评注·姚鼐原序》(P.15)改。
② 编　底本作“篇”，据《古文辞类纂评注·姚鼐原序》(P.15)改。
③ 类　底本脱，据《经史百家杂钞今注·序例》(P.2)补。

刘氏《议对》篇上溯轩辕明台之议，似乎较姚、曾二氏之上溯《尚书》，其原更早。但相传，作书契的仓颉为轩辕黄帝时人，其时文字初兴，怎么会有奏议呢?《尚书》所载《皋陶谟》以及周公旦告成王的《无逸》、召公奭告成王的《召诰》(此与诏令类之"诰"，名同实异)，倒确是奏议类底起源。姚氏所说"列国臣子为国谋者，谊忠而辞美"，即指曾氏所举的《左传》季文子、魏绛谏君[①]之辞。至于奏议异名,《尚书》又有称"训"的，如《伊训》；战国时则多称"书"，如李斯《谏逐客书》；其称"疏"者，如汉贾谊底《陈政事疏》；称"奏"者，如赵充国底《屯田奏》；称"对"者，如东方朔底《化民有道对》；称"封事"者，如刘向底《极谏外家封事》(这是密封的奏议)；称"表"者，如三国时诸葛亮底《出师表》；唐时又有称"状"者，如陆贽《奉天请罢琼林大盈二库状》；宋代有称"劄子"者，如王安石《本朝百年无事劄子》；至于"弹章"，则专用于弹劾;"对策"，则专用以对答策问;"牋"则与书牍类之"笺"或"牋"不同，后者是私人的、平行的，前者是上行的公文。此外，唐代又有"榜子""录子"等名，明清时又有称"题"、称"本"、称"奏折"者。总之，都是奏议底异名而已。奏议之文，也和诏令一样，古代用散文，唐承六朝之后，用骈文，宋代则用四六。至其内容，或以说理，或以

---

① 君　底本作"召"，据上文改。

叙事，或以抒情，都视题材而异。

现行的公文程式，则分公文为“下行”“上行”“平行”三大类。下[①]行公文有六种：一曰“令”，公布法律、任免官吏及有所指挥时用之；二曰“训令”，上级机关对于所属下级机关有所谕饬或有所差委时用之；三曰“指令”，上级机关对所属下级机关因呈请而有所指示时用之；四曰“任命状”，任命官吏时用之；五曰“布告”，对于公众宣布事实或有所劝诫时用之；六曰“批”，官署对于人民陈请事项有所准驳时用之。上行公文，则概名曰“呈”，但下级机关对于上级机关或人民对于官署有所请求或建议时，则曰“呈请”；有所报告时，则曰“呈报”；有所答复时，则曰“呈复”。至于平行公文，则分二类：一曰“咨”，同一系统的同级官署公文往复时用之；二曰“公函”，不相隶属的机关公文往复时用之。

公文很重程式。要学习公文须先明白各种公文底程式。这里限于篇幅，势难详述。司法公文，程式尤与普通公文不同。普通公文底程式，大致以“令”为最简单。例如任免官吏，但云：“任命×××（姓名）为××（官名），此令”；“××（官名）×××（人名）呈请辞职，×××（人名）准免本职，此令”；“××（官名）×××（人名）另有任用，应免本职，此令”；“××（官名）

---

① 下　底本作“上”，据文意改。

×××（人名）着即免职，此令”。次之是“指令”及“批”，开头往往用“呈悉”二字，次则简述来呈所请求或报告的事实，次则分别予以准驳，末用“此令”“此批”等字，以示结束。例如：“呈悉……所请应即照准，此令”；“呈悉……所请碍难照准，此批”；“呈悉……应即准予备案，此令”。“训令”则须视内容斟酌，有简单的，也有繁复的。末了往往用“合行令知，仰即遵办”等语，如须于遵办后报告者，例须加“具报”二字。其事关紧急者，则云“仰于文到×日内遵照办理，毋稍迟延，致干未便”。“布告”则系对大众而发，故末了往往用“合即布告周知，此布”等语。“呈文”之末，均用“谨呈××（官名）×（姓）”，而本文结语，则以性质而异。例如[①]“呈请”则云“理合备文呈请，伏乞俯准，实为公便”，或云“伏乞迅予核示，不胜屏营待命之至”；“呈报”则云“理合备文呈报，仰祈准予备案”；“呈复”则云“理合遵命呈复，至祈鉴核”。“咨文”也须具备正式公文底形式，末用“此咨××（官名）×（姓）”。“公函”则比较简单，例用“径启者”开头，用“合即函达（或‘函复’），敬希台洽，此致（或‘此复’）××机关名或并用主管人员姓）”。旧式公文、训令、呈文、咨文底开端，都应用极简单的字句叙明事由，曰“为……事”，后来又仅用“为令遵事”“为呈请事”……了。新式公文，

① 如 底本作“令”，据文意改。

事由摘录在文面上，故本文只须直起，把“为……事”一句删去。

公文中引用别个机关底来文时，常因来文机关底阶级不同，而用语不同。如引上级机关来文，则云“案奉 ××（机关名或并举官长及其姓）×× 号训令，内开……（引来文）等因，奉此”；引同级或不相隶属机关来文，则云“案准 ××（机关名或连叙主管人员姓）× 号咨（或公函），内开……（引来文）等由，准此”；引下级机关或人民来文，则云“案据 ××（机关名或连叙主管人员姓名，或具呈人姓名）呈，内开……（引来文）等情，据此”。“案奉”“案准”“案据”，“等因，奉此”“等由，准此”“等情，据此”，都不好随便乱用的。用错了，不但传为笑柄，也于公事有妨。引用来文，有转折很多的，必须叙得层次清楚，否则便棼如乱丝，看不出头绪来了。例如县教育局根据教育厅奉教育部令叫它通令所属小学，遵办某事，办好后，呈复教育厅，呈文中便须叙明奉厅令转到的部令，转令各小学，又据各小学底呈报，转报教育厅，请汇案呈报教育部；一来一往，不是有五六个转折吗？

公文中，有议论文，有叙事文，但无抒情文；虽发文机关底主管人员和收文机关底主管人员私交极厚，也不应该在公文中叙述私人底情感。公文中虽可议论事理、叙述事情，但以明白切实为主；议论不应故作翻腾，放言高论；叙事不必细加描写，绘形绘声。上行公文忌用自是武断的语气；但有所建议请求或有所声辩报告，仍应明白表示肯定或否定的意思，不应全用模棱两可、游移不定的话。上行公文忌用顶撞讥刺的语气；但也不可太自卑屈，出以谄谀之辞。下行公文须有断制语，须保持相当的尊严，但不可有骄傲气；即使下属处理公务有所不合，也不当以侮嫚詈骂的辞气出之。总之，属辞简明，立意切实，态度严正，心气和平，是撰作公文的要件。

命令、报告，如其是紧急的事情，也有以电报拍发的，电文须力求简明，便不应多用公文套语，多说泛话了。民国以来，军政要人，在野名流，往往有提出主张，发表通电的。只须是关于国事公务的，也当归入“公文”。这类通电，长篇大论的居多；文章做得好的，往往传诵一时。例如民国初年，饶汉祥为黎元洪拟的主张废督裁兵电，还是用骈文做的。此外又有一种“快邮代电”，做了电报式的文章，用快信寄发的。人民团体，用之尤多，也当归“公文”类中。

“宣言”也是公文底一种，和古代“誓”和“檄”相近。但“誓”是誓师之辞，“檄”后来仅专用于讨伐；宣言虽也有用于军旅的，如国民革命军北伐宣言之类，但宣示民众，无关军事者亦很多。如国民党中央全体会议，和近来的参政会，每开一次会，照例有一篇宣言发表。抗战军兴以来，中央领袖常发表告友邦、告民众、告青年书，实际上都是宣言。民间各种公共团体也每有发表宣言，明白表示它们底宗旨的。总之，上自国际外交文书、政府命令，下至官署或学校团体底布告、呈文、启事、通告以及个人对官署的声请书……都可以“公文”一类包括之。

曾氏《经史百家杂钞》于“诏令”类中，选录马援《诫兄子书》、郑玄《诫子书》。按之实际，这两篇是私人底书信，当改入“书牍”类。曾氏以“下告上者”“平辈相告者”，为“诏令”和“书牍”底定义，所以公私不分了。韩愈底《祭鳄鱼文》,《古文辞类纂》和《经史百家杂钞》都选入“诏令”类，因为他们都认这篇文章是“檄”文一类，但以程式和用途而论，似不如附入“哀祭”类。因为它虽不是哀悼的性质，却是用以祭祝的。《左传》吕相绝秦之辞，是外交的辞令；刘歆《移让太常博士书》，是官府的移文；我们既以私人底“书牍”与“公文”并列，似也当归入“公文”类，虽然前者《经史百家杂钞》入书牍类，后者《古文辞类纂》也入书说类。

我述说公文底文体，插入说现代普通公文程式的话，似乎有些不伦不类。但苏轼作《表忠观碑》，引赵抃原奏，首云“臣抃言”，末云“臣抃昧死以闻”。前人曾批评他摹仿古人，致不合宋代奏议底程式。可见公文底程式用语，历代不同，不应该抛弃了现代通行的程式，去一意摹古。假如我们现在上书于国民政府主席，也袭用古代奏议底程式用语，说“人民某言”“人民某昧死以闻”，便不合式了。所以古代诏命、奏议中的文章，虽有可以选读的，程式用语则应用现代所通行的，不当再去摹仿古人。

第十二章 ○

哀祭与对联

所谓“哀祭”，实合“哀诔”“告祭”于一类。《文心雕龙》“哀吊”特立一篇；“诔”，则合于“碑”而为《诔碑》篇；“祭”则附见于《祝盟》篇中。《哀吊》篇云：

> 哀者，依也；悲实依心，故曰“哀”也。以辞遣哀，盖不泪之悼，故不在黄发，必施夭昏……吊者，至也。《诗》云“神之吊矣”，言神至也。君子令终定谥，事极理哀，故宾之慰主，以至到为言也。

刘氏所谓“哀”，指悼夭折的卑幼底“哀辞”，“吊”则是吊唁成人之丧的。《诔碑》篇云：

> 大夫之材，临丧能诔。诔者，累也；累其德行，旌之不

> 朽也……详夫诔之为制，盖选言录行，传体而颂文，荣始而哀终。论其人也，暧乎若可觌；道其哀也，凄焉如可伤。此其旨也。

诔辞用于德高望重的人，述其功德，以致哀悼，故与“哀吊”异。《祝盟》篇云：

> 礼之祭祀，事止告飨，而中代祭文，兼赞言行……是以义同于诔，而文实告神。诔首而哀末，颂体而祝仪……祈祷之式，必诚以敬；祭奠之楷[①]，宜恭且哀。此其大较也。

因为祝盟总括一切告祭鬼神之文，故用于丧事的祭文，也归入此类。但后来论文体者，则多以“哀祭”总括哀吊、诔辞及告祭鬼神之文，比较简括，故仍列为“哀祭”一类。《古文辞类纂序》云：

> 哀祭类者，《诗》有《颂》，《风》有《黄鸟》《二子乘舟》，皆其原也。楚人之辞至工，后世惟退之、介甫而已。

① 楷　底本作“式”，据《文心雕龙注》（P.116）改。

《诗》有《周颂》《鲁颂》《商颂》，皆宗庙祭祀之乐章;《诗》之《风》中，则有《黄鸟》，为秦人哀殉穆公之葬的子车氏三良（针虎、仲行、奄息）之作；有《二子乘舟》，为卫人哀宣公二子伋、寿被杀之作;《楚辞》中有《九歌》《招魂》《大招》，亦为祭神及哀死者而作：故姚氏云然。《经史百家杂钞序》云：

> 哀祭类，人告于鬼神者，经如《诗》之《黄鸟》《二子乘舟》,《书》之《武成》《金縢》祝辞，皆是。后世曰“祭文”、曰“吊文”、曰“哀辞”、曰“诔”、曰“告祭”、曰“祝文”、曰“愿文”、曰“招魂”，皆是。

《黄鸟》《二子乘舟》，但以表示哀思，而非用于告祭;《武成》《金縢》二篇中的祝辞，则又但以用于告祭，而非表示哀思。后世的祭文，方是以祭奠表示哀思，所以哀祭类的内容并不是简单的。“哀辞”，用于卑幼夭折、不以寿终者，故以哀痛为主，如班固有《梁氏哀辞》。至如潘岳底《金鹿哀辞》，便像一篇祭文了。也有名“悲文”的，如蔡邕《悲温叙文》。“诔”本用以定谥，为《周礼》太祝六辞之一，古者天子崩，则称天以诔；卿大夫卒，则君诔之。鲁哀公诔孔子，有诔无谥。柳下惠（即展禽）妻之诔其夫，为私诔之始。后世如潘岳底《杨仲武诔》、颜延之底《陶徵士诔》皆是。大致先述世系行业，而后致其哀思。颂扬死者功德的又有所谓“哀颂”，如东汉张纮底《陶侯哀颂》。其以吊悼古人者，则有“吊文”，如贾谊《吊屈原文》，其体裁即仿骚赋。唐李华底《吊古战场文》，更是但以发抒感慨而已。“公文”类中，曾提及过的“哀策”，也可以归入此类，如东汉李尤底《和帝哀策》。至于祝盟告祭之文，如汉高祖底《白马盟辞》，昭烈帝底《成都即位告天文》，陆贽底《拟告谢代宗庙文》，或告神祇，或告祖宗，但都没有表示哀思的作用。

哀祭类底中坚是“祭文”。东汉杜笃有《祭延钟文》，似乎是最早的祭文。祭文有用以追祭古人的，如韩愈《祭田横墓文》；有用以祭亲属的，如韩愈底《祭郑夫人文》《祭十二郎文》《祭女挐文》；有用以祭师友的，如李翱底《祭吏部韩侍郎文》、欧阳修底《祭石曼卿文》；有代机关团体公祭的，如苏辙底《代三省祭司马丞相文》。至于陶潜底《自祭文》，则仅是一篇游戏文章。祭文，因为须便于宣读，故以韵语为多。如潘岳底《哀永逝文》，则用骚体“兮”字调；陆机底《吊魏武帝文》，则为叶韵的骈文；陶潜底《祭从弟敬远文》，则为叶韵的四字句；欧阳修底《祭尹师鲁文》，则为叶韵的长短句的散文。但也有全用散文，并不叶韵的，如韩愈底《祭十二郎文》。近来更有用语体文的，如朱自清底《给亡妇》，可见祭文的方式，并不一定。

现代通行的祭文，照例于本文之前，先说“× 年 × 月 × 日，

××（主祭者对死者的称呼[①]）×××（主祭者姓名，如系家属，不书姓），谨以××（或云‘清酌庶馐’，或云‘香花’）之奠，致祭于××（死者的称呼）之灵”。以下方是祭文本文。文末又例用“尚飨”等字，表示希望死者之灵来受飨之意。至其本文，则以能发抒真挚的情感为主，辞藻不可过于华丽，词句不可过于做作，致于哀思有妨。

此外，尚有“挽歌”。崔豹《古今注》谓始于田横为汉高祖所胁，从岛中出发，未至长安，便自杀了，他底门客作《薤露蒿里》以哀之。汉武帝立乐府，采取此歌，分作两曲，《薤露》以送王公贵人，《蒿里》以送士庶，使挽柩者歌之，故曰“挽歌”。后魏缪袭仿之作輓辞（“輓”同“挽”）。任昉《文章缘起》列为文体之一。按之实际，也可归入“哀祭”。现代通行的挽联，也可以说是从挽歌演变来的。

“对联”之用甚广，不仅限于“哀挽”，而且在现代还很通行，所以把它另列为一类，述其大概，这又是从来论文体者所未提及的。对联底起源，是新春的门联。古代新年，以二桃木板着门上，画神荼、郁垒二神像（读如“伸舒、郁律”。蔡邕[②]《独断》谓系海中度朔山大桃树东北枝鬼门阅领诸鬼之二神），俗谓之门神，见

① 呼　底本作“乎”，据下文改。

② 邕　底本作“邑”，据史实改。

《荆楚岁时记》及《六帖》。冯[①]鉴《续事始》谓“桃符”即“桃板”，五代时始题联语于其上，谓之“题桃符”。按,《宋史·蜀世家》记蜀主孟昶曾题桃符云:“新年纳余庆；佳节号长春。”这是新春门联之始。

骈文、律诗，已重偶对，不但字面属对，且须平仄谐调。如以“李白”对“杨朱”,“李”与“杨”一仄一平，同为植物;“朱”与“白”一平一仄，同为颜色；而李白与杨朱又同为古人姓名，属对可谓工整。余如“三都赋”可对“六国论”,“南容三复白圭”可对“东坡重游赤壁”。又有所谓“借对”者，例如刘禹锡《陋室铭》中“谈笑有鸿儒，往来无白丁”二句,“鸿”“红”音同，故借以对“白”。有所谓“蹉对”者，例如李群[②]玉诗“裙拖六幅湘江水，鬓掩巫山一段云”二句,“六幅”本对“一段”,“湘江”本对“巫山”，因为平仄不调的缘故，便先后交错了。对联之起，不但在骈文、律诗盛行之后，而且在四六文兴起之后，当然和它们都有关系。

对联，无论是贺联、寿联、挽联、门联、书室联，以及用于祠[③]庙、商店等的，都以意思切贴、句语自然、对仗工整、声调和谐四者为要件。贺联颇少佳构，通用的如:

---

① 冯　底本作“马”，据史实改。

② 群（羣）底本作“举（舉）”，据史实改。

③ 祠　底本作“词”，据文意改。

咏到毛诗风第一；画来眉样月初三。

（贺月初结婚，“毛诗”对“眉样”，“风”对“月”，都是借对）

酒酿黄花，诗题红叶；屏开孔雀，案对梁鸿。

（贺暮秋结婚，上下联各自为对）

寿联较贺联似多精心结构之作。例如：

人近百年犹赤子；天留二老看玄孙。

（祝九十双寿，“赤子”“玄孙”亦借对）

老者安，少者怀，天下三尊今有二；大儿轼，小儿辙，云间二陆故无双。

（寿陆姓老翁，翁主办救济院，两子皆有声于学界）

挽联固以哀痛为主，但亦未可一概而论。有于哀痛中反见其福寿者，有似为诔辞者，亦有藉以自抒其隐痛者。例如：

一百年弹指光阴，天胡靳此？八十载齐眉夫妇，我独何堪！（梁同书挽妻联）

木坏[①]山颓，言德春秋三不朽；身修名立，文行唐宋两文公。（挽乡先辈夏震武先生）

堂前时仰慈容，方期萱草春长，诸舅怜甥均如子；泉下如逢先母，为道芦花冬暖，孤儿有妇已生孙。（挽外祖母）

以上所举三联虽皆为哀挽，第一联适足表示梁夫人之福寿，第二联适足表示夏先生之道德、文章，第三联则外孙之为孤儿，且曾受继母之虐待，亦可概见。祭文，有作以生祭自己者，挽联亦有自挽之例：

平生惟作挽联多，看吴季子临别盖棺，有几十副佳章，送来入目；此日已经穷饿死，非赵立坛亲身画押，许数万金财产，誓不投胎。吴某自挽。

大概自挽之联，都出文人游戏，故或作旷达语，或作玩世语，借以发其牢骚。对联不但用于喜、寿、丧事，祠庙中亦常用之。例如：

① 坏（壞） 底本作“壤”，据文意改。

此吴地也，不为周郎立庙；今帝号矣，何须曹氏封侯？

（浙江富阳缑岭关帝庙）

思亲泪落吴江冷；望帝魂归蜀道难。

（蟂矶[①]孙夫人庙）

纵使有钱难买命；须知无药可医贫。

（杭州西湖孤山药皇财神合殿）

莫怪和尚们这般大样；请看护法者岂是小人。

（题某寺山门）

富阳是孙权底故乡，三国时属于吴，而关羽之封帝则在清朝。关帝庙各处甚多，惟此联独切于苏、浙一带之关帝庙。第二联，妙在切合人地外，“吴江冷”“蜀道难”，为乐府曲调名，属对可谓工极。第三联，财神与药皇交错而成，且有调侃之妙。第四联，则纯系讽刺和尚了。各种店铺，皆有对联，往往系即小见大、借题双关者，如：

孟嘉曾向风前落；郭泰还从雨里过。

（帽店联。借用孟嘉重阳落帽、郭泰遇雨折巾角故事）

桥边坠去留侯取；天上飞来邺令归。

① 矶　底本作“机”，据史实改。

（鞋店联。借用张良为圯上老人纳履、邺令飞舄故事）

以此宰天下；归而遗细君。

（肉店联。借用陈平分社肉，及东方朔拔刀割肉，归遗细君故事）

磨砺以须，问天下头颅有几？及锋而试，看老夫手段如何？

（剃头店联。此联相传为石达开笔）

住宅底书室、客座中，对联颇多佳者；他处亦有之。例如：

座有谈经客；门多问字车。（书室）

莫放春秋佳日去；最难风雨故人来。（客堂）

雅言诗书执礼；益友直谅多闻。（书室兼客堂）

对松既许成知己；看竹何须问主人。（园林）

最喜座中先得月；不妨睡处也看山。（楼）

曾传傅说调羹手；可识阿衡负鼎心？（厨房）

清末，徐相寓北京东交民巷，有门联云："望洋兴叹；与鬼为邻。"虽其思想锢塞可笑，而联语却有幽默隽妙之趣。对联又有集各种碑帖之字做成者，亦见巧思。例如：

室堂静坐兰为契；人有虚怀竹与同。（集《兰亭帖》字）

观书要能自出见解；处世无过善体人情。

（集《多宝塔碑》字）

又有集成句作对联者，又与“集字”不同。例如：

得过且过；自然而然。（集谚语）

言必信，行必果；色思温，貌思恭。（集四书）

未能一日寡过；恨不十年读书。（集格言）

落花无言，幽鸟[①]相逐；可人如玉，清风与归。

（集司空图《诗品》）

旧书不厌百回读；佳客时来一座倾。

（集苏轼及僧道潜诗）

人谓二百年以来，无此诗笔；月食五斗米不尽，有何宦情。

（集《南史》《北史》语）

集字、集句之外，又有所谓“嵌字”之法，有人赠妓名如意者联云：“都道我不如归去；试问卿于意云何。”上下联第五字即嵌“如”“意”二字，语气亦极自然。现在应酬题赠，还通行用

---

① 鸟 底本作“岛”，据《诗品集解 续诗品注》（P.12）改。

到对联；撰句巧拙，又相去霄壤；所以虽是小技，也不得不略为提及。至于不用对联而用轴幛、银盾、匾额，仅题四字，例如结婚则曰“天作之合”，嫁女则曰“之子于归”，男寿则曰“椿庭日永”，女寿则曰“桃熟西池”，友丧则曰“人琴俱亡”，师故则曰“泰山安仰”……却比做对联便当得多。

第十三章

传状与碑志

“传状”之文，所以记叙一人生平之事实。“传”，出于纪传体的史书之“传”，“状”异于司法公文之“状”。我国纪传体的史书，创自司马迁底《史记》，《史记》中除书、表之外，如本纪、世家、列传，都是记人的文章；这是“传”的起源。有人以为司马迁作《史记》摹仿《春秋》经、传，本纪十二仿《春秋》经记十二公，传则仿《春秋》传，故史传之名，出自经传之传。但经传之传，指解经之作，与史传之记人者不同。《史记》本纪[①]十二，与《春秋》记十二公也是偶合，并非有意摹仿。何况《春秋》是编年的，其体例与《史记》迥然不同呢？《史记》之后，作史者，都袭用纪传之体，全部“二十四史”除表、志外，可以说都是“传”。故有以作传为史官专职者，非史官，便不当为人作

① 纪　底本作“记”，据上文改。

传。私人只能作“状”，上之史官，为作传之根据。但后来史例益严，一代之人得立传于正史者不多，于是有文人私撰之传；而子孙为其先人叙述生平，乞人作传者，恰和上史官之状相同。所以传或有褒有贬，状则决无贬辞。顾[①]亭林《日知录》云：

> 列传之名始于《太史公》(《史记》原名)，盖史体也。不当作史之职，无有为人作传者，故有“碑”、有“志”，而无“传”。梁任昉《文章缘起》言传始于东方朔《非有先生传》，是以寓言而谓之传。韩文公集中传三篇:《太学生何蕃》《圬者王承福》《毛颖》；柳子厚集中传六篇:《宋清》《郭橐[②]驼》《童区寄》《梓人》《李赤》《蝜蝂》。何蕃，仅采其一事而为之传；王承福辈，皆以微者而为之传；毛颖、李赤、蝜蝂，则戏耳，而谓之传，盖比于稗官之属耳。若段太尉（秀实）则不曰“传”，曰“逸事状”。子厚之不敢传段太尉，以不当史任[③]也。自宋以后，乃有为人立传者，侵史职矣。

姚氏《古文辞类纂序》所说，大意也和顾氏类似。其言云：

① 顾　底本作“硕”，据史实改。
② 橐　底本作“橐”，据《日知录集释》(P.991) 改。下文径改。
③ 任　底本作“位”，据《日知录集释》(P.991) 改。下文径改。

传状类者，虽原于史氏，而义不同。刘先生（大櫆）云：“古之为达官名人传者，史官职之；文人作传，凡为圬者、种树之流而已。其人既稍显，即不当为之传，为之行状，上史氏而已。”余谓先生之言是也。虽然，古之国史立传，不甚拘品位，所记事犹详；又实录书人臣卒，必撮叙其生平贤否[①]。今实录不记臣下之事；史馆[②]凡仕非赐谥及死事者不得为传；乾隆四十年，定一品官乃赐谥；然则史之传者，亦无几矣。余录古传状之文，并纪兹义，使后之文士得择之。

“实录”，本录帝王事实，如韩愈底《顺宗实录》。从前的实录，记群臣卒，例得附记死者事略；到了清代，则专记帝王，不记臣下之事了（唐李翱底《皇祖实录》则是记其祖父之事，并不是记当时帝王的，这是仅见的一个例外）。顾、刘、姚三氏都认为作传是史官底专职，不做史官的文人，不应为人作传；所以韩、柳集中之传，除《毛颖传》《李赤传》《蝜蝂传》等小说寓言体的游戏文章之外，都是微贱的人底传，如王承福是个圬者，郭橐驼是个种树的之类。后世文人为传者之所以渐多，因为：（1）得在国史中立传之人很少，（2）实录不复记臣下之事。所说自是由唐及清

① 否　底本作“名”，据《古文辞类纂评注·姚鼐原序》（P.16）改。
② 馆　底本作“官”，据《古文辞类纂评注·姚鼐原序》（P.16）改。

底事实。可是纪[1]传体的“二十四史”，官修者自《晋书》起，《史记》《汉书》《后汉书》《三国志》，是司马迁、班固、范晔、陈寿底私人著作；四史之传，并不像后世由皇帝命令史官在国史立传，而仍是作者凭个人底私意为他们立传的。所以“非史官不当为人作传”，只能说是唐代官修史书以后的义例。不过史书之传，和文人所作之传，作法是不相同的。文人所作之传，是单篇独立的文章；史书之传，则为全书中之一篇，其人之事实，往往可以互见的。例如《史记》有《管晏列传》，管仲、晏婴是齐国桓公、景公时两个重要人物，他们底大事，和齐国有关的，大都互见于《齐太公世家》中，所以传中都只叙琐事。若文人为显达者作单篇之传，便不当摹仿《史记·管晏列传》，反而把大事遗去了。

《史通·六家》篇云：“传者，传也，所以传来兹。”《补注》篇云：“传者，转也，转授于无穷。”这是“传”底意义。《文心雕龙·书记》篇云：“状者，貌也，体貌本原，取其事实。”这是“状”底意义。汉胡幹有《杨原伯状》，似乎是现存最早的状。亦曰“行状”，如《文选》所录的任昉底《齐竟陵王行状》。也有叫做“事略”的，如归有光底《先妣事略》；也有叫做“述”的，如胡天游底《王大夫述》。状，本是记录事实，上之史官，为作传的根据的。所以名为“状”者，或即由公文中的“状”演变而来的；

① 纪　底本作“记”，据文意改。

以后，则求人做传，做墓志铭，须先做一篇事略送去，也名为“状”了。传则“史传”之外，有“家传”，文人做的单篇之传，大都属于此类；因别于国史之传，故曰“家传”。亦有称“小传”者，如李商隐底《李贺小传》。亦曰“别传”，如近人吴虞底《李卓吾别传》。至于“外传”，则所录多遗闻轶事，且往往为传记体的小说，如《飞燕外传》《太真外传》等。如韩愈底《圬者王承福传》，柳宗元的《梓人传》，旨在托圬者、梓人，以发挥自己的见解、主张，可以谓之“托传”。托传之外，又有“假传”。假传有三种：（一）假托人名，实以自传者，如陶潜底《五柳先生传》；（二）虚设一人，为之作传者，如东方朔底《非有先生传》；（三）托物拟人，等于寓言者，如韩愈底《毛颖传》。这三种，其实是小说性质的文学作品。

传状都是托人的文章，而记人的文章却不限于传状，还有替人做的墓碑、墓志之类。这些文章，姚鼐[①]列入“碑志”类，《古文辞类纂序》云：

> 碑志类者，其体本于《诗》，歌颂功德；其用施于金石。周之时，有石鼓刻文。秦刻石于巡狩所经过。汉人作碑文，又加以序；序之体，盖秦刻琅玡具之矣。茅顺甫讥韩文公碑

① 鼐　底本作“鼎”，据史实改。下文径改。

> 序[①]异史迁，此非知言。金石之文，自与史家异体；如文公作文，岂必以效司马氏为工耶？志者，识也；或立石墓上，或埋之圹[②]中，古人皆曰志。为之铭者，所以识之之辞也；然恐人观之不详，故又为序。世或以石立墓上曰碑、曰表，埋乃曰志，及分志、铭二之，独呼前序曰志者，皆失其义；盖自欧阳公不能辨矣。墓志文，录者尤多，今别为下编。

据此可见，姚氏所谓“碑志”，指一切刻石之文而言，只有“别[③]为下编”底墓志，方是记人之文，和传状有密切的关系。歌颂功德的诗，指《诗》中底《颂》(《周颂》《商颂》《鲁颂》)。姚氏以刻于金石的歌功颂德之文为“碑”的正体，故曰“其体本于《诗》，歌颂功[④]德；其用施于金石”。墓志虽亦刻石，而其体与“碑”有别，故列之下编。石鼓凡十，刻有文字，其所刻的文体似《诗》，其字似大篆。相传为周宣王时物（韩愈、张怀瓘说），但韦应物以为周文王时物，宋程大昌以为周成王时物，郑樵以为秦时物，金马定国以为宇文周时物，近人马衡论定为秦时物。唐郑余庆得之陈仓，移置凤翔孔子庙中。五代时，又散失。宋司马池复得之，又失其一；向传师复得之民间。后迁东京（今开封）。

---

① 序　底本作“文”，据《古文辞类纂评注·姚鼐原序》（P.17）改。
② 圹　底本作“旷”，据《古文辞类纂评注·姚鼐原序》（P.17）改。
③ 别　底本作“列”，据上文改。
④ 颂功　底本作“功颂”，据上文改。

金人破汴[①]，辇归燕京。现存北平故国子监中。秦始皇于巡狩所到处，皆刻石颂功德；琅玡刻石，则前有序文。这类碑文，以记实事、颂功德为主，如韩愈《平淮西碑》，和记个人生平事实的传状与墓志异体，其相同之点，则为用于刻石，故曾氏《经史百家杂钞[②]》合传状与墓志为“传[③]志”类，序云：

传志类，所以记人者。经如《尧典》《舜典》，史则本纪、世家、列传，皆记载之公者也。后世记人之私者，曰“墓表”、曰“墓志铭”、曰“行状”、曰“家传”、曰“神道碑”、曰“事略”、曰“年谱”，皆是。

曾氏因内容“记人”一点之相同，合传状、墓志为“传志”；姚氏因用途“刻石”一点之相同，合碑文、墓志为“碑志”。虽分合不同，亦各有各的见地。曾氏既把记事之“碑”分出，又以所记之事之大小为标准，把记大事的归入“叙记”类，记小事的归入“杂记”类，前者如韩愈底《平淮西碑》，后者如韩愈底《处州孔子庙碑》等。同为碑文，分隶两类，而所谓“杂记”，其立名又不很妥，所以仍从姚氏立“传状”“碑志”为二类，而删去“杂记”

① 汴　底本作“卞”，据史实改。
② 钞（鈔）　底本作“纱（紗）”，据史实改。
③ 传　底本作“碑”，据下文改。

一类。

《文心雕龙·诔碑》篇云：

> 碑者，埤也。上古帝王纪号封禅，树石埤岳，故曰碑也……宗庙有碑，树之两楹，事止[①]丽牲，未勒勋绩。而庸器渐缺，故后代用碑，以石代金，同乎不朽；自庙徂坟，犹封墓也。

刘氏追溯碑之起源，以为纪功德之碑，起于上古帝王底封禅刻石，管子所谓“封于泰山者，七十有二君”，即指此。而墓碑墓志之类，则昉自庙碑，初仅用木，所以系[②]牲，后乃代之以石而刻文字，又由庙移之坟墓，吴讷《文章辨[③]体》云：

> 考《士昏礼》(《仪礼》篇名)：“入门当碑揖。”《祭义》(《礼记》篇名)云：“牲入，丽于碑。”是知宫庙皆有碑，以为识影、系牲之用，后人因于其上记功德；则碑之从来远矣。后汉以来，作者渐盛，故有山川之碑，有城池之碑，有宫室之碑，有桥道之碑，有坛井之碑，有神庙之碑，有家庙之碑，

① 止　底本作“上”，据《文心雕龙注》(P.214)改。
② 系(繫)　底本作“击(擊)”，据文意改。下文径改。
③ 辨　底本作“办(辦)”，据史实改。

有古迹之碑，有土风之碑，有灾祥之碑，有功德之碑，有墓道之碑，有寺观之碑，有记物之碑，皆因庸器渐阙，而后为之。

古时碑之用有二：一则用以识日影，一则用以系牲。其后乃刻文字于其上，此庙碑之始。按《礼记·檀弓》，季康子之母死，已有丰碑，似墓碑之起源亦甚早。注谓丰碑，乃穿中为辘轳，穿索，用以下棺，且以木为之，则又与后世之墓碑不同。后世立石于墓，刻文字以记死者之生平的墓碑，或即由所谓丰碑者递变而来，与宫庙识影系牲之碑，递嬗为刻石纪事之碑，正是相同。碑以铭辞为主，恐铭辞简朴，览者不易明白，故又加序。古时有功德之人，往往死后铭之钟鼎，以为纪念。蔡邕尚有《朱公叔鼎铭》，是其遗制。《礼记·祭统》云："夫鼎有铭，铭者，自名也。自名以称扬其先祖之美，而明著之后世也。"又云："铭者，论撰其先祖之有德善、功烈、勋劳、庆赏、声名，列于天下，而酌[①]之祭器，自成其名焉，以祀其先祖者也。"盖古代铭祖德于金，后世乃代以石。此为墓铭之滥觞。《左传·襄公十[②]九年》云："夫铭，天子令德，诸侯言时记功，大夫称伐。"据此，则铭，不独揭之墓道，埋之圹中，以记个人，无论山岳宗庙，皆可用之。碑志之"铭"与

---

① 酌　底本作"铭"，据《十三经注疏》（P.3486）改。

② 底本"十"前衍"二"，据《十三经注疏》（P.4273）删。

箴铭类底“铭”不同。箴铭类底铭，是刻在器物上的，积极的勉励之辞；墓铭则刻石埋墓圹中，以志其人。这一点却须认辨明白。

碑文，如秦始皇底《泰山刻石》《琅玡刻石》，班固底《燕然山铭》，韩愈底《平淮西碑》，是记功颂德的；后世游山者，所作游记，有刻石者，亦当入碑文之类。至如韩愈底《处州孔子庙碑》，苏轼底《表忠观碑》，则为庙碑；颜真卿底《颜家庙碑》，则又用于家庙。蔡邕底《陈太丘碑》有三种：一似遗爱碑，一为庙碑，一为墓碑，而墓碑最佳，至今为人所传诵。墓碑亦名“墓碣”。碑与碣的分别，起于后世。碑龟趺螭首，或方首[①]，官五品以上者用之；碣则方趺圆首，官五品以下者用之。黄宗羲底《金石要例》辨之甚明。现在这种分别已没有了。晋潘尼有《黄门碣》，似乎是最早的碣。又称“墓表”，似以东汉安帝时的《谒者景君墓表》为最早。又称“神道碑”，如韩愈底《赠太尉许国公神道碑铭》。神道，即墓前的道路，以其为冢中神道，故名。蔡邕有《朱公叔坟前石碑》，实在也和神道碑相同。亦有仅称“神碑”者，如洪迈《隶释》所录的《张公神碑》。或曰“阡表”，如欧阳修底《泷[②]冈阡表》；或曰“墓表”，如曾国藩底《大界墓表》。墓志所以刻石而埋诸圹中者，因虑陵谷变迁，人事更动，将来或被发掘，故预为志之，使后人识为谁之坟墓。或仅有铭，或前加

① 首　底本作“者”，据文意改。
② 泷　底本作“陇”，据《欧阳修全集》(P.393) 改。

序，亦有仅作记序而无铭辞者。其异名尤多，未葬而暂厝者，曰“权厝志”；既葬而再志者，曰“续志”“后志”；死于异乡而归葬者，曰“归祔志”；迁葬而作志者，曰“迁葬志”；刻于石椁之盖者，曰“盖石文”；刻于砖者，曰“墓砖文”“墓砖铭”；书于木板者，曰“墓版文”；用于和尚者，曰“塔铭”“塔记”；又有“葬志”“坟记”“圹记”“圹铭”“椁铭”“埋铭”……名称，实际上仍是一样。

传状、碑志二类中，除了记功述事的碑文之外，传、状、墓志便都是记人的。碑文，以凝重谨严为主；叙事须简明质朴，少杂议论，即略有议论，也不以翻腾奇肆为功。因为要求其凝重简练，所以往往长句少，短句多。至于铭辞，则为碑与志所同具；或有韵，或无韵；有韵者，或三言，或四言，或五言七言，或长短句，或“兮”字调，也都以凝练简朴为主。传后之论，虽也有用韵的，但终以散文为多；或以补本文底不足，或以评所传之人底生平。史传或褒或贬，家传因多出于子孙请求者，类皆有褒无贬；状之由他人作，用以上史官者，亦有褒无贬；由死者子孙撰述，为求人作家传用者，虽决不至有贬辞，也不当褒扬太过，反而令人齿冷。

传状、碑志之文，无论是记事的，记人的，所记皆是“动态”。记动态之文，“背景”都占重要的地位。所谓“背景”，即指其事、其人底时代而言。如其是记人的，其人所站的地位，也是很重要的。比如舞台剧和图画之有布景；有此衬托，方能使所记之事、之人生动，方能使读者明白。记事、记人之文，又各有其“外表”与“内含”。所记的事底经过始末，是外表；这件事的前因后果，是内含。所记之人底生平事实，是外表；这个人底精神与个性，是内含。史书之传，于所记的人底背景，有写得很略的，因为史书之传，是整部书中的一篇，读了全书，背景自见。至于文人单篇之作，既不能用互见之法，自不能不把背景写得比较详细了。所记之人底事实，在史书也可互见于他篇，故有略大事、详小事者；在单篇的家传，则生平大事便不容简省了。至于事之因果、人之个性，则撰作时决不可忽过。《史记》诸传中，夹叙夹议者亦有之，最著的如《伯夷传》《屈原传》。韩愈底《柳子厚墓志铭》，也用此种作法。但最好的法子，还是不着痕迹，而能把所要说的批评点明。例如《史记·魏其武安侯传》记田蚡事，不加议论，但于田蚡死后，记武帝语曰：“武安侯而在，族矣！”田蚡的骄横不法，已于此语中写出了。《三国志·荀彧传》于荀彧亦不详论，但于荀彧死后，加上一句说：“明年，太祖（曹操）遂为魏王矣。”荀彧底心在汉室，为曹操所惮，也于此语中写出了。又有借旁人来衬托的，例如《史记·魏公子传》写侯嬴[①]极详，其实是用侯嬴衬出信陵君底礼贤下士来。这也是记人之文的一种妙法。

---

① 嬴 底本作“赢”，据《史记》（P.2378）改。下文径改。

总之，传状是记人之文，以“人”为主，和叙记之记事、记物者不同（传状中虽亦有记物的假传，如《毛颖传》《蝜蝂传》之类，但也以拟人之法出之）。碑志是记事或记人而以之刻石者，和传状之记人、叙记之记事而不以刻石者不同。这是此二类文体所具的特征。

第十四章

叙记与典志

曾氏《经史百家杂钞》有“叙记”“典志”二类，而姚氏《古文辞类纂》无之。因为叙记之文，以记事为主，故曾氏所录，大都是编年体或纪事本末体史书中的文章；典志之文，以记文化为主，故曾氏所录，大都是纪传体史书中“书”“志”之类的文章；姚氏不选史书，故无此二类。曾氏《经史百家杂钞序》云：

> 叙记类，所以记事者。经如《书》之[①]《武成》《金縢》《顾命》,《左传》记战事、纪会盟，及全编皆记事之书。《通鉴》法《左传》，亦记事之书也。后世古文，如《平淮西碑》是，然不多见。

① 《书》之 底本脱，据《经史百家杂钞今注·序例》(P.2)补。

曾氏于哀祭类所举的，是《武成》《金縢》二篇中的祝辞；这里所举的，是此二篇底全部。《左传》及《资治通鉴》二书都是编年史。纪传史底本纪、世家、列传，皆以人为主，故当入传志类；编年史以事为主，故当入叙记类。韩愈底《平淮西碑》，本是碑文，姚氏入碑志类；曾氏既把记人的墓志[①]，合于传状，为传志类，则记裴度平淮西事的《平淮西碑》只能归入叙记类了。曾氏又序典志类云：

> 典志类，所以记政典者，经如《周礼》《仪礼》全书，《礼记》之《王制》《月令》《明堂位》，《孟子》之“北宫锜”章，皆是。《史记》之“八书”、《汉书》之“十志”及“三通”，皆记典章之书也。后世古文，如《越州赵公救菑记》是，然不多见。

典志之文，所记的是制度、典章[②]、礼仪……可以说是记文化的文章。《周礼》本名《周官经》，是记官制的，刘歆方改称《周礼》。《仪礼》是记周代礼仪的。此二书是否果为周公所作，尚是问题（见《经学纂要》）。《小戴礼记》中之《王制》《月令》《明堂位》三篇，也是记政典的。“北宫锜”章记孟子答北宫锜周室爵禄制度

---

①　墓志　底本作“志墓”，据文意改。

②　章　底本作“本”，据文意改。

之问。《史记》底“八书”是《礼书》《乐书》《律书》《历书》《天官书》《封禅书》《河渠书》《平准书》,《汉书》底“十志”是《礼乐志》《刑法志》《律历志》《天文志》《郊祀志》《沟洫志》《食货志》《地理志》《五行志》《艺文志》。不但《史记》《汉书》，凡是纪传史中的书、志之类，都可入典志类。三通，指唐杜佑底《通典》，宋郑樵底《通志》，元马端临底《文献通考》。《通志》本是一部纪传体的通史，因为它底精华全在“二十略”，故论者多以之与《通典》《通考》二书并称“三通”。严格地说，则《通志》中仅“二十略”是典志类的文章。曾氏序典志类，举《汉书》“十志”为例，而选文分类时却又把《汉书·艺文志》列入序跋类，体用均异，不能不认为曾氏底疏忽。

《古文辞类纂》及《经史百家杂钞》皆有杂记一类，姚氏序云:

> 杂记类者，亦碑文之属。碑主于称颂功德；记则所记大小事殊，取义各异。故有作序与铭诗，全用碑文体者；又有为记事而不以刻石者。柳子厚记事小文，或谓之“序”，然亦记之类也。

姚氏说杂记亦碑文之属，是不错的。如王粲底《荆州文学记》，韩愈底《郓州谿堂诗并序》，前为序记，后有铭诗，即全用碑文之体。但亦有并无铭诗，体异碑文，而亦以刻石者，如魏刘靖底《造戾陵遏[①]记》，末了明说“刊石立表”。山水游记，虽[②]以不刻石者为多，但也有刻石的，如柳宗元《永州八记》中的《钴鉧潭西小丘记》篇末，也明说“书于石，所以贺兹丘之遭也”。凡是刻石的杂记之文，都是姚氏所谓“亦碑文之属”，当分隶于碑志类中。至于不刻石的，则无论所记的事之大小，和叙记同为记事之文，当合成一类。姚氏说柳子厚记事小文，或谓之“序”，盖指《陪永州崔使君游谯南池序》及《序棋》《序饮》而言。所谓“序”者，谓叙述之叙，非序跋之序。近人林纾[③]谓王羲之有《兰亭集序》、李白有《春夜宴桃李园序》，记小事之文而曰“序”，不始柳氏。不知《兰亭集序》明云“一觞一咏，亦足以畅叙幽情”，《春夜宴桃李园序》明云“群季英俊，皆为惠连，吾人咏歌，独惭康乐”，可见宴集兰亭、桃李园时，必各有吟咏，而这二篇是为诗歌所作的序跋，并不是记事的序记了。曾氏序云：

杂记类，所以记杂事者。经如《礼记》《投壶》《深衣》《内则》《少仪》,《周礼》之《考工记》，皆是。后世古文家，修造宫室有记，游览山水有记，以及记器物，记琐事，皆是。

① 陵遏　底本作“遏陵”，据《全上古三代秦汉三国六朝文》（P.4602）改。
② 虽　底本作“因”，据文意改。
③ 纾　底本作“伃”。此句意本林纾《春觉斋论文·流别论》，见《论文偶记　初月楼古文绪论　春觉斋论文》（P.70）。据改。

按，《小戴礼记》中之《投壶》《深衣》《内则》《少仪》，是记古代投壶的典礼、深衣的制度及种种礼节的；严格言之，当入典志类。《考工记》并不是《周礼》原书底一篇。《周礼》本分《天官冢宰》《地官司徒》《春官宗伯》《夏官司马》《秋官司寇》《冬官司空》六篇。据说，汉河间献王得之民间，亡《冬官》一篇，购以千金，不得，乃取《考工记》以补之。这篇《考工记》，记古代工业；工业也是文化底一部分，所以也当入典志类。后世古文家底杂记文章，可就多了。记楼台亭阁者，如归有光底《见村楼记》、苏轼底《超然台记》、欧阳修底《醉翁亭记》、韩愈底《新修滕[①]王阁记》；记祠庙寺观者，如范仲淹[②]底《严先生祠堂记》、欧阳修底《谷城夫子庙记》、杨衒[③]之《洛阳伽蓝记》底记诸寺；记官署及学校者，如韩愈底《蓝田县丞厅题壁记》、曾巩底《宜黄县学记》；记琐事及轶闻者，如李翱底《来南录》、高启底《书博鸡者事》；记技巧者，如韩愈底《画记》、魏学洢底《核舟记》、林嗣环底记口技；记游览者，如柳宗元山水诸记；记琐物者，如苏洵底《木假山记》。因为以前论文体者，把不能归入其余各类的文章，一律归入杂记，所以范围这般广，内容这样杂。我认为分类时特立一“杂”类，去包括不能分入其他各类的例外，总不是一种妥当的分类法。

① 滕　底本作“縢”，据《韩愈文集汇校笺注》（P.386）改。
② 淹　底本作“庵”，据史实改。
③ 衒　底本作“衡”，据史实改。

“杂记”一名，决不能为分类底一目。曾氏于叙记类则云“所以记事者”，于杂记类则云“所以记杂事者”。其意亦如姚氏所谓“所记大小事殊”而已。按之实际，则何者为“事”，何者为“杂事”，其界限亦至难定。我以为凡是刻石或预备刻石的，都当并入碑志中碑文一类；即使是乡间造一个路亭，造一条溪桥，造一所小小的土地庙所作以刻石的记，也是碑文。其不以刻石的，则无论所记的是楼台亭阁，是祠庙寺观，是官署学校，是琐事轶[①]闻，以及技巧、游览……都应归入叙记类。其有记政治制度、礼仪文化者，则亦不论所记大小，都[②]当归之典志类中。杂记一类，便可取消了。

日记，也应附之叙记类中。从前选文章、论文体的人，无论主骈或骈散兼宗，选及日记的，可谓绝无仅有。他们以为日记是随笔记录、漫不经心之作，不足与于文章之列，不知日记中尽有妙品。而且普通的文章，下笔的时候，便预备给别人看，甚且希望“藏之名山，传之其人”，留给后世人看，难免有装点门面的话头。书牍，只给收信人看；日记，则仅预备留给[③]自己看（自然，也有为打算出版而写的书牍及日记），所以往往有衷情流露的文章。有些日记，还有关于学术、文艺、掌故、修养……的记录，

---

① 轶　底本作“跌”，据文意改。
② 都　底本作“那”，据文意改。
③ 给　底本作“结”，据文意改。

如李慈铭底《越缦堂日记》、曾国藩底《求阙斋日记》、谭[①]献底《复堂日记》等，都是脍炙人口的作品；而明末华桐[②]流衲底《甲行[③]日注》写亡国之痛，流离之苦，也是很能感动人的。虽则日记逐日记录，和其他叙记之文之自成单篇、首尾完具者，似乎体制不同，但终是记事之文，应附在叙记类中。日记，似乎已盛于宋朝。周必大有句云："旧迹时将日记开。"陆游《老学庵笔记》亦云："黄鲁直有日记，谓之'家乘'；至宜州，犹不辍书。"《宋史·艺文志》有《舒王日录》十二[④]卷，是王安石底日记。《王氏类苑[⑤]》云："王安石既罢相，悔其执政日无善状，乃撰《神宗日录》，归过于上，掠美于己。陈瓘于是著《尊尧集》专辨《日录》之非。"《舒王日录》与《神宗日录》是否一书，因未见过，未敢妄断。如即《神宗日录》，便不是王氏自己底日记了。至如黄震底《黄氏日钞》，顾[⑥]炎武底《日知录》，乍看它们底名称，似乎也是日记，其实是读书劄记，和日记完全不同。日记虽然是叙记的文章，但也可以有议论、说明、抒情……之文，所以每天做日记，是练习写作底最好的办法。日记记自己底日常言行，令人有反省底机会；记他人底嘉言懿行，令人得攻错底效益：故又是修

① 谭　底本作"潭"，据史实改。
② 桐　底本作"相"，据史实改。
③ 行　底本作"寅"，据史实改。
④ 十二　底本作"二十"，据《宋史》(P.5124) 改。
⑤ 苑　底本作"菀"，据史实改。
⑥ 顾　底本作"愿（願）"，据史实改。

养身心底最好的办法。阅书底心得、师友底谈话、社会国家世界各方面底见闻，凡有益于学问知识者，均可逐日记录，故又是增进学识底最好的办法。而且日日记录，不使间断，极易养成有恒的良好习惯。所以现在中等学校里常规定学生记日记，用意原是极好的。可是初学做日记，往往易有下列流弊：作辍无常，易致中断，一；材料枯窘，千篇一律，二；捏造事实，养成说谎的恶习，三。我以为，每天不必限定记若干字以上，则不致[①]因事忙而间断；把范围放大来，则不致因生活刻板而枯窘；至于捏造事实、敷衍塞责，则须竭力戒除。有些学校改日记为周记，那更不致因枯窘呆板乏味了。

"日记"之外，叙记类中，还得附录一种"表谱"。这一类，章炳麟氏本列入"无句读文"中。其实它们不过和其他成篇的文章形式有异，并不是没有句读的。表和"公文"类中从前属于奏议的章表之"表"，截然不同。《史记》底年表、月表，共有十篇，用以排系年月；《汉书》"八表"，则不仅以排系年月，如《古今人表》等。"谱"，有记个人的年谱，如洪兴祖底《韩愈年谱》；狄子奇底《孔》《孟编年》，亦属[②]此类。有记物的，如花谱、茶谱之类。而郑玄有《诗谱》，则以谱录古代艺文。郑珍《说文新附考》云："《世本》有《帝王谱》《诸侯谱》各篇。《说文》无'谱'

---

① 致 底本作"至"，据下文改。

② 底本"属"前衍"不"，据文意删。

字，古《世本》当作‘普’。《史记》因《世本》之谱变名为表，盖‘表’音古与‘普’同而义相近，非即一字。”钮玉树《新附考》亦云：“谱，通作‘普’，或作‘表’。”可见表、谱同出一原，而其起源也相当的早。表谱虽也是叙记之文，但既具分条列目、旁行斜上诸式，其所记文字，自以简朴明确为贵，不能再如其他叙记文底描写细腻、记叙详赡了。

典志类也有两种附属品：一是“法规”，一是“仪注”。法规指一切法律、规程……而言，所包颇广。大之，如国际公法、外交条约，国家底宪法、民法、刑法、商法、诉讼法……及政府公布的其他法规；小之，如一学校、一团体底章程、规则。论其性质，似乎也可入之“公文”类中，但它们根本不是告语之文。虽然大小不同，但它们所记都是关于典章制度的，将来收集起来，便等于从前的“会典”“会要”之类，可以成为一代掌故，而与文化有关，故应附于“典志”类中。至于“仪注”，本原于《仪礼》之汇记古代仪节之书，如《士冠礼》《士昏礼》诸篇所记，已具仪注底性质了。后世如《朱子家礼》等书，即其嫡系。现代丧事中题主致祭，喜事中结婚庙见，以及各团体举行隆重仪式时，司仪唱赞，还有仪注、秩序单等，虽非成篇的文章，论其性质用途，亦是仪注之属，当附于典志类中。

复次，当略述叙记、典志二类文章底作法。叙记、典志与传状、墓志，同为记载之文；但前二者，记事、记物、记文化，后二者则记人。碑文虽[1]亦有记事者，但用以刻石，则其用又与叙记、典志不同。至以叙记与典志相较，则典志全为记静态的，叙记有记静态的，记动态的。典志所记，或为官制，或为礼仪，或为其他文化，都是过去的掌故，所记完全为静物。叙记中，如记画、记器、记物者，则为记静态的；其记游览、记人事者，则皆为记动态的。梁启超《中学以上作文教学法》谓记静态之文以空间为主，时间为辅；记动态之文反之，以时间为主，空间为辅。他说记静态当先选择坐标，坐标不同，观察点亦随之而异，所以记静态文底作法亦因以不同。他所说的作法，共有五种:（一）“鸟瞰法”，居高临下，挈领提纲。例如《史记・货殖传》虽是一篇传，却和其他记个人生平之传不同，它是用鸟瞰法记秦汉以前至春秋末的社会经济状况的。（二）“类括法”，分类记述，源流分明。例如《汉书・艺文志》记西汉末以前的学术艺文，根据《七略》，分作六艺、诸子、诗赋、兵书、术数、方技六类，每类又分若干目，使读者了然于书籍[2]底部居、学术底源流，便是用类括法叙述的。（三）步移法，坐标活动，故有移步换形之妙。例如《汉书・西域[3]传》分天山南、北二道，循次叙西域诸国；柳宗元《永州八记》，自西山记至石城山，也用此法。（四）凸聚法，精

① 虽　底本作“因”，据文意改。
② 籍　底本作“藉”，据文意改。
③ 域　底本作“城”，据《汉书》（P.3871）改。下文径改。

神贯注于一点，如果着眼得所，便如振衣挈领，若网在纲。例如梁氏底《墨子学案》，即取“兼爱”为凸聚点，其他种种，莫[①]不与此有关，若诸辐之凑于一毂。故《墨子》全书之系统既明，墨学之根本主张亦显。（五）脔尝法，尝鼎一脔，知其余味。此法但就一部分[②]作深而详的研究，而置不重要的部分于不顾。例如参观一所学校，或仅记其教授情形，或仅述其学校行政，便当采用此法。以上五种，前三种是统述全部的，后二种是偏重一部分的。记静态之文，不外此五种作法。无论是典志类，或叙记类中记静态之文，都可酌用。

至于记动态的记叙文，则须：（一）审主体，（二）分段落，（三）明因果，（四）显个性，（五）写背景。例如《通鉴》记钜鹿之战，竭力写项羽；记昆阳之战，竭力写光武。因为这两次大战所以能转败为胜、以寡克众，完全在这两人底魄力和决心，所以他[③]们是这二次大战底主体。其记赤壁之战，则于蜀之诸葛亮，吴之周瑜、鲁肃，都着力写述，因为这三个人是这次战事底主体。记战事，往往在战前写得极详，正当战争的时候却写得较略，战后的情形，则或详，或略。例如《左传》记晋、楚城濮之战，于战前写晋方底训练民众、布置军事、办理外交极详，因为这些都

① 莫　底本作“算”，据文意改。
② 分　底本脱，据文意补。
③ 他　底本作“它”，据文意改。

是晋军得胜的原因。又如记邲之战，亦详写晋军将领之主和主战，意见分歧，因为这是晋军失败的主因。城濮之战，记真真两军交战的话已极少了；邲之战，则仅有“车驰卒奔，乘晋军”七字而已。至战后情形底详略，则须看这次战事结果底影响如何；影响大者详，小者略。战争底胜败，固然须决于两方底实力，而心理亦极关重要。例如淝[①]水之战，以众寡强弱论，东晋无论如何敌不过苻秦，而结果适得其反。所以者何？苻秦方面，如苻坚之骄，慕容垂[②]、姚苌等之怀二心，苻融及张夫人之不赞成南侵……种种心理，已露败征；所以朱序阵[③]后一呼，全军崩溃。又如《左传》记鄢陵之战，写晋方将领，虽也有不主战的，如随武子之流，但都一致抱有必胜的信念。可见胜败之因，不尽在实力，士气实占重要地位。又如《史记·项羽本[④]纪》记楚汉之争，当初项羽百战百胜，真可[⑤]谓气可盖世。汉军在荥阳、成皋间和他相持，败衄也不仅一次；但能用持久战的策略，不让项羽速战速决，一面又用彭越以游击战术困扰楚军后方。结果，垓下合围，项羽竟一败涂地，而死于乌江。虽未明言因果，而读者已可晓然。至于记人之文，重在表现个性，前已言之。故凡可表现其个性者，虽小

① 淝　底本作“肥”，据史实改。
② 垂　底本作“重”，据史实改。
③ 阵　底本作“陈”，同“阵”，酌改。
④ 底本“本”前衍“为”，据文意删。
⑤ 可　底本作“所”，据文意改。

必录，不足表现其个性者，虽大必捐。例如[①]《史记·廉颇蔺相如传》，蔺相如底大事，如完璧归赵、渑池之会……皆详细记叙，因为足以表现他底个性。其记廉颇，于一生大战，都用略笔，反于负荆请罪、据鞍以示矍铄等小事，写得较详；因为战事不足以表现[②]廉颇底个性，而这几件小事倒可使他底个性活跃纸上。至于叙记之文，则如图画，背景之要，不减传状、墓志。上章已说过，所谓背景者，即所记之事之时代；此与图画之以风景衬托人物，其理正同。

① 如　底本脱，据文意补。

② 现　底本脱，据文意补。

第十五章

辞赋

综上所述，论说、颂赞、箴铭、序跋、注疏、考订（附札记）六类，是有关于学识、义理的著述之文；赠序、书牍（附广告、柬启）、契约、公文、哀祭、对联六类，是有关于世事酬应的告语之文；传状、碑志、叙记（附日记、表谱）、典志（附法规、仪注）四类，是有关于人、事、文化[①]的记载之文。这十六类都是文章（狭义的），不是文学。这在第六章中，早已说明。兹当依次述说属于文学的四类——辞赋、诗歌、小说、戏剧。

《古文辞类纂》十三类中，也有“辞赋”一类。姚氏序云：

> 辞赋类者，风雅之变体也。楚人最工为之，盖非独屈子而已。余尝谓《渔父》及《楚人以弋说襄王》，宋玉《对王问

① 化　底本作“物”，据上文改。

遗行》，皆设辞无事实，皆辞赋类耳。太史公、刘子政不辨，而以事载之。盖非是。辞赋固当有韵，然古人亦有无韵者，以义在托讽，亦谓之赋耳。汉世校书，有《诗赋略》，其所列者甚当。昭明太子《文选》，分体碎杂，其立名多可笑者。后之编集者，或不知其陋而仍之。余今编辞赋，一以《汉略》为法。古文不取六朝人，恶其靡也。独辞赋，则晋宋人犹有古人韵格存焉。惟齐梁以下，则辞益俳而气益卑，故不录耳。

按，《文心雕龙·诠赋》篇有云："《诗》有六义，其二曰赋……赋也者，受命于《诗》人、拓宇于《楚辞》者也。于是荀况《礼》《智》，宋玉《风》《钓》，爰[①]锡名号，与《诗》画境；六义附庸，蔚成大国。"是辞赋之出于《诗》，为古来论文体者所公认，而非姚氏一人之私言。《诗》有"六义"之说，东汉卫宏《诗大序》中已有之。"六义"，风、雅、颂为《诗》底体类，赋、比、兴为《诗》底作法。姚氏说辞赋是"风雅之变体"，不过以"风雅"二字代表《诗经》，并非说辞赋和颂毫无关系。例如《楚辞》中底《九歌》是祀神之典，正和用于宗庙祭祀的颂相同。《诗经》之诗，就地域论，以黄河流域的作品为多；就时代论，以周室东迁前后的作品为多，所以这三百五篇诗，可以说是北方底旧文学。《楚

① 爰　底本作"爱"，据《文心雕龙注》(P.134)改。

辞》则为长江南北的、战国末年的作品，是南方底新兴文学。我以为屈原虽为辞赋家第一个杰出的人材，但未必是第一个做辞赋的人；或者屈原以前已有做辞赋的作家了，不过没有屈氏那样著名，且少有作品流传下来而已。《九歌》，是屈原仿楚南民间祀神之典而作的，那么屈原之前不已有做这种歌曲的作者了吗？《诗经》中已有“兮”字调，《诗经》与《楚辞》之间，“兮”字调的诗歌，散见于各种古书中的，现尚甚多。所以新兴的《楚辞》和在它以前的《诗》，当然有历史的关系；说它是《诗》底变体，亦无不可。但因它有“赋”底名称，而说它就是《诗》底“六义”之一的“赋”，由附庸而蔚成大国，则未免拘泥而且附会吧！“设辞无事实”“义在托讽”，确是辞赋底特征。这恰和《诗》底作法之一的“比”相近。与其说辞赋出于“六义”之“赋”，不如说它们出于“六义”之“比”。《史记·屈原传》及《新序》把《楚辞·渔父》所记，当做屈原底实事，不能不认为司马迁、刘向二人底疏忽。《汉书·艺文志》本刘歆《七略》，《诗赋略》以“歌诗”与“不歌而诵”的“赋”平列，以示诗赋之别，在一可歌，一不可歌。“赋”又分四类：一是“屈原赋”，以言情为主；二是“孙卿赋”，以效物为主（孙卿即荀况，《荀子》中有《赋篇》，为《礼》《智》《云》《蚕》《箴》五赋）；三是“陆贾赋”，以议论为主；四是杂赋，则似近世《药性赋》之类。萧统底《文选》，不但赋类分许多子目，非常烦碎，而且骚、七、连珠……实际都是赋，而皆于赋类之外，别立类目，诚如姚氏所谓可笑。姚氏是提倡散文的古文家，而齐梁则文尚骈俪，至唐而赋亦有“律赋”，真是“辞益俳、气益卑”了。

曾氏《经史百家杂钞》，则把“诗”“赋”及“颂赞”“箴铭”，并合为“词赋”类，而以“叶韵”为其共相，故序云：

> 词赋类，著作之有韵者。经如《诗》之赋、颂，《书》之《五子之歌》，皆是。后世曰“赋”，曰“骚”，曰“七”，曰“设论”，曰“符命”，曰“颂”，曰“赞”，曰“箴”，曰“铭”，曰“歌”，皆是。

曾氏云“赋颂”，犹姚氏云“风雅”，亦是指《诗》之全部而言。辞赋和诗，有历史的关系，前已言之；但一则可合乐以歌，一则仅不歌而诵，合为一类，终嫌不伦。《五子之歌》为《伪古文尚书》之一篇，殊不足据。辞赋以设辞托讽为主，与颂赞、箴铭不同；前者为文学，后者为狭义的文章，亦不当并为一类。若以“有韵”为词赋之特征，则辞赋之无韵者，将怎样处置？反之，他类文章之有韵者，是否亦认为词赋？《离骚》是屈原作品之一底篇题，而非文体之名，本书第一章中，已说及过。《汉书·扬雄传》说雄作《反离骚》，摭《离骚》之文而反之；又旁《惜诵》以下，作《畔牢愁》。汉人称《离骚》为《离骚经》，其余各篇为《离骚传》。故扬雄底“畔牢愁”，实与“反离骚”同（此王念孙说，见《汉书补注》）。“牢”“离”双声，“牢”“骚”叠韵，其义均同。故“离骚”者，以今语译之，犹云“牢骚”。怎可以“骚”为文体之名呢？以“七”为文体之名，更为可笑。萧统以枚乘《七发》之后，沿袭摹仿者多，傅玄且集之为《七林》，便特立一“七”类，曾氏乃不知其陋而仍之，何也（参看本书第一章）？“设论”，如东方朔《答客难》等，虽无赋底名称，实是赋底作法。“符命”者，谓天降瑞应，以为帝王受命之符；人臣作为文章，侈陈瑞应，铺张功德，即谓之“符命”。如司马相如底《封禅文》、扬雄底《剧秦美新》、班固底《典引》，皆是。此种文章，实与设辞托讽的“赋”相远，而与称扬功德的“颂”相近，当归入“颂赞”一类。此外，尚有所谓“连珠”，系扬雄首创，东汉班固、贾逵、傅毅都曾受诏仿作。此后，潘勖有《拟连珠》、王粲有《仿连珠》、陆机有《演[①]连珠》、颜延之有《范连珠》、王俭有《畅连珠》、刘孝仪[②]有《艳体连珠》。文人摹仿，陈陈相因，原不足为训。若以曲喻达旨的作法衡之，则也是赋底一种。

纵横游说之士，与诗赋有密切的关系。章学诚《校雠[③]通义》有云：

---

① 演　底本作“滨（濱）”，据《陆士衡文集校注》（P.721）改。

② 仪（儀）　底本作“标（標）”，据史实改。

③ 校雠　底本作“文史”。按，下面引文出自《文史通义校注·校雠通义校注》（P.1064），据改。

古之赋家者流，原本《诗》《骚》，出入战国诸子。假设问对,《庄》《列》寓言之遗也；恢廓声势，苏、张纵横之体也；排比谐隐,《韩非·储说》之属也；征材聚事,《吕览》类辑[①]之义也。

“征材聚事”，不仅辞赋为然，可以姑置勿论。“假设问对”“排比谐隐”，就是姚氏所谓“设辞托讽”。至于苏、张纵横，确是由《诗》而变赋底枢纽，而且不仅“恢廓声势”一端。《诗》底作法，有“赋”“比”“兴”三种:“赋”是直陈其事,“比”是借物为喻，“兴”是托物起兴（托物起兴，即前半为“比”，后半为“赋”）。所以“比”和“兴”，就是姚氏所谓“设辞托讽”、章氏所谓“假设谐隐”底作法。“赋者，铺也”(《文心雕龙》语）。赋虽直陈其事，也用一种铺张的写法，这就是章氏所谓“恢廓声势”了[②]。辩士游说、外交辞令，往往也用这种“设辞讬讽”“假设谐隐”和“恢廓声势”底方法。我们只须一读《战国策》，便可了然。由此，可以推想，他们所谓“简练揣摩”,“揣摩”是揣摩时君之意，“简练”底工夫，却须平时在学《诗》方面用力。春秋时，国君大夫朝聘会盟，都须赋《诗》见志（例如《左传》记秦穆公享晋公

---

① 辑（輯） 底本作“务（務）”，据《文史通义校注·校雠通义校注》(P.1064）改。

② 了 底本作“丫”，据文意改。

子重耳，公子赋《河水》，公赋《六月》），所以《汉书·艺文志》有“登高能赋，可以为大夫”的话（“登高”指登会盟之坛，“能赋”指能赋《诗》见志）。所以更有学《诗》底必要。孔子曾说：“不学《诗》，无以言。”又说：“诵《诗》三百……使于四方，不能专对，虽多，亦奚以为！”（均见《论语》）可见要有以言，要使于四方而能专对，须先学《诗》诵《诗》。《诗》与辞令所以关系如此密切者，除了须赋《诗》见志的外交惯例外，还因为《诗》有“恢廓声势”的铺张之“赋”的作法，“设辞托讽”的谐隐之“比”“兴”的作法，都可为简练言辞的基本工夫。降及战国，诸国纷争之局，愈觉紧张，苏、张之流底捭阖纵横，也愈见活跃；他们虽仅为一时驰骤于诸国间的政客们，居然也列于“九流”，可见当时声势之赫奕了。那时登高赋《诗》之礼，已不复行，而从《诗》三百篇所简练而得的铺张谐隐之言辞，则已娴熟而习用；《战国策》所载辩士游说之言，皆可覆按。这是从《诗经》转变到纵横家底大略情形。《史记》称屈原“娴于辞令”，“出则接遇宾客，应对诸侯”。他本是当时楚国一位亲齐派的外交家，所以和亲秦派的上官大夫等立于反对的地位，虽因谗被疏，不复在左徒之位，而尚出使于齐（《史记》“屈平既疏，不复在位”，当系言不复在左徒之位，居政治要津言。旧说谓原已被放而复被召使齐，按之事实、情理，颇觉不安）。其后，不但被疏，且遭放逐，亲齐的主张终为亲秦派所抑，而怀王入秦，终至客死，于是托诸辞赋，以抒其忠君忧国、伤时嫉奸之愤，而以平日学《诗》简练所得的铺张托讽之作法出之，于是外交之名流，乃一变而为辞赋之专家。及秦汉一统，政治局面完全改观，纵横游说已无所施，且君主高高在上，布衣之士只能藉上书以达其意见，不复能与人君抵掌而谈，于是口说之用少，文字之用多。因此，简练口语之力，一转而用于雕琢文辞；此赋之所以特盛于西汉，而陆贾、邹阳、主父偃等《汉志》列于纵横之士，所以并擅辞赋。这是纵横家转变到赋底大略情形。所以文学史上，由周室东迁前后的“诗”，递变为兴于楚、盛于两汉的“赋”，实以纵横家为其转捩的关键。

纵横家底辞令，既从《诗》中简练出来，所以都喜欢用设辞托讽的谐隐。“隐”，亦作“讔”，又称“隐语”。《文心雕龙·谐隐》篇云：“讔者，隐也；遁辞以隐意，谲[①]譬以指事也。”《史记·滑稽传》称齐威王好隐，委政卿[②]大夫，沉湎[③]不治，左右莫敢谏。淳于髡说之以隐曰：“国中有大鸟，止于王庭，三年不飞又不鸣；王知此何鸟也？”王曰：“此鸟不飞则已，一飞冲天；不鸣则已，一鸣惊人。”于是即临朝亲政，励精图治，齐国复强。战国辩士惯用此种设辞托讽的隐譬之辞。最妙的，如梁王命惠施直言无譬，他仍设“以弹说弹”（弹即弹弓。惠施言有人问[④]弹弓

① 谲　底本作“谪”，据《文心雕龙注》（P.271）改。
② 卿　底本作“乡（鄉）”，据《史记》（P.3197）改。
③ 湎　底本作“酒”，据《史记》（P.3197）改。
④ 问　底本作“间”，据文意改。

之状何如，若答以弹弓之状如弹弓，仍不能解，当以其所已知之普通的弓喻之，方能了解。故曰:“譬者，以其所已知，喻其所未知，而使人知之。”）的譬喻，以明譬喻之不可少。至于假设一个故事以说明自己底意旨的，又叫做“寓言”。庄子自称“寓言十九”。《徐无鬼》篇记他过惠施之墓，因知音已逝，而有“自夫子之死也，吾无以为质矣，吾无与言之[①]矣”之感，因假设郢人匠石底故事，来表现他底感慨，真可谓语妙天下。就是那篇《盗跖》，说孔子去说盗跖弃邪归正，遭受抢白，归而自叹为“无病而自灸[②]”，读者往往愤其侮毁圣人，其实这也是寓言，只须看他把春秋初的柳下惠硬扯来做春秋末的孔子底朋友，即可了然。《列子·汤问》篇以“愚公移山”底故事，说明“有志竟成”的意思，也是一篇极好的寓言。《孟子》中此类寓言也极多，短的，如以“宋人揠苗”明“助长”之无益有害，以“日攘一鸡”喻明知不义而因循不改；长的，如以“东郭乞播”的齐人，形容求富贵者之可耻。寓言假设具体的故事，铺张形容，写得“像煞有介事”地去烘托出不易理解的抽象的意旨，和辞赋类“设辞托讽”“恢廓声势”底作法，正复相同，故也可以附入辞赋类中。先秦诸子中属于寓言一类的文章很多，倘能搜集起来，编一部《中国寓言集》，倒是小品文底绝妙好词。

---

① 言之　底本作“之言”，据《庄子集解》（P.216）改。

② 灸　底本作“炙”，据《庄子集解》（P.264）改。下文径改。

由此以谈，辞赋类底重要的作法和特征，就是“设辞托讽”与“廓张声势”，而句末的“叶韵”，却并不是辞赋类底特征。因为有韵之文，不仅辞赋，如诗、歌、词、曲、颂、赞、箴铭，或为“文学”，或为狭义的“文章”；而古代论说散文中，也往往夹入韵语，如《尚书》底《洪范》、《周易》底《文言》《系辞[①]》、《孟子》“齐宣王见孟子于雪宫”章等等。反之，则辞赋也有不叶韵的，如宋玉《登徒子好色赋》及《对楚襄王问遗行》等。曾氏以“著作之有韵者”为词赋类之界义，且并箴铭、颂赞入词赋，未免太偏重形式，而且只着眼于形式的一点！

齐梁而后，以迄于唐，文则盛行“骈文”，诗则变成“律诗”，于是赋也有所谓“律赋”，不但必须叶韵，而且拘于骈偶等形式的格律。但也有散文之赋，称为“散赋”者，盛于律赋既行之后，如欧阳修底《秋声赋》、苏轼底《赤壁赋》，颇得古赋之遗旨。韩愈底《进学解》，脱胎于《答客难》《解嘲》《宾戏》诸篇，而能自出机杼[②]，也是辞赋之属，因为它也是合于“设辞托讽”“廓张声势”二要件的。总之，我们只须明白辞赋底特征，在此二者，而不在形式上句末叶韵的一端，则于辞赋作法，亦思过半矣！

---

① 辞　底本作“词”，据《十三经注疏》（P.156）改。

② 杼　底本作“抒”，据文意改。

第十六章

诗歌

诗歌也是文学底一种，诗歌文学，当于《诗歌文学纂要》中详言之。本章不过略述我国诗歌底大概，以备文体之一格而已。萧统《昭明文选》是诗文并选的；刘勰《文心雕龙》也有《明诗》一篇；姚氏底《古文辞类纂》则仅选“辞赋”而不选诗；曾氏《经史百家杂钞[①]》虽也选几篇《诗经》底诗（如词赋类选《诗》十二篇，哀祭类选《秦风·黄鸟》一篇），但《诗经》之后底诗便不入选，因为他已另外选编了一部《十八家诗钞》。

诗歌之兴，远在文字以前。这句话，乍听去，似乎有些不合理。按之实际，则并不足奇。《世本》言伏羲作瑟，女娲作笙簧。音乐本以和歌，如当时未有歌谣，乐器又有何用？《汉书·匈奴传》译载匈奴民歌云：“亡我祁连山，使我六畜不蕃息；亡我焉支

① 钞 底本作“妙”，据史实改。

山，使我妇女无颜色。”此虽译文，必有原歌以作根据。匈奴是没有文字的民族，也自有他们底[①]歌谣，这不是一个旁证吗？即以现在论，不识字的小孩，也有他们的儿歌；不识字的农民村氓，也有他们底山歌，这不是又一旁证吗？所以口头的诗歌，在文字未兴以前，也可以有的。

我国上古之世底诗歌，传于后世，存于现代的，本已不多，而且多出后人依托。其散见古书中的，如《礼记·大学》所引的汤《盘铭》之类（此本箴铭类的文章，见前），也只是东一鳞[②]、西一爪而已。最早的诗歌总集，终须首推《诗经》。《诗经》的诗，最早的，当推《豳风》（近人梁启超认为《七月》一诗，所用的是夏历，疑为夏末周太王去豳以前的作品）；最迟的，是《鲁颂》底《閟宫》（此诗中明言周公之孙、庄公之子，其指鲁僖公无疑。前人谓《陈风·株林》刺陈灵公昵夏姬，《秦风·渭阳》秦康公送晋公子重耳，但无实据）。上之，则为宗庙底乐章（三《颂》皆是）；下之，则为里巷底歌谣（《风》诗中大部分皆此类）。其地域，则自黄河流域，南及于江汉之间；其作法，则有直叙其事的“赋”，借物为喻的“比”，托物兴起的“兴”；其体制，则十之八九是“四言诗”；以它们和音乐的关系分类，则有曲终合奏的“南”，本为徒歌的“风”，当代正乐的“雅”，歌而兼舞的“颂”（用梁

---

① 底本“底”前衍“的”，据文意删。
② 鳞　底本作“麟”，据文意改。

启超《诗经解题》说，详见《诗歌文字纂要》)。我们要研究古代底诗歌，这三百五篇的《诗经》，是不得不读的。

《诗经》底诗，虽然大多数是四言的；但不是四言的，也未尝没有。《郑风·缁衣》:“缁衣之宜兮，敝，予又[①]改为兮。适子之馆兮，还，予受子之粲兮。”“敝”“还”，是一言。《召南·江有汜》:“江有汜，之子归，不我以，不我以，其后也悔。”前四句是三言。《召南·行露[②]》:“谁谓雀无角，何以穿我屋？谁谓女无家，何以速我狱？”这四句是五言。《周南·卷耳》“我姑酌彼金罍”“我姑酌彼兕觥”，是六言。此外，七言、八言、九言的句子都有，不过仅占少数而已。所以《诗经》并不完全是四言诗。

《诗经》底诗，已有“兮”字调。如《魏风》:“十亩之间兮，桑者闲闲兮，行与子还兮。”每句末，都用一“兮”字。此外零零碎碎用“兮”字的句子，更是多了。《诗经》以后,“兮”字调的诗歌，散见于古书中的也不少。如《孟子》中的孺子《沧浪之歌》:“沧浪之水清兮，可以濯我缨；沧浪之水浊兮，可以濯我足。”便是一个显著的例子。到了战国时代的《楚辞》,“兮”字调(或用“些”字、“只”字)便成为它底特征了。“兮”字既为地方色彩很浓的楚声调底特征，所以楚汉之际的两个英雄，项羽和刘邦，因为他们都是楚人，也有“兮”字调的两首歌流传下来。一

---

① 又 底本作“犹”，据《十三经注疏》(P.710)改。
② 露 底本作“路”，据《十三经注疏》(P.606)改。

首是项羽底《垓下歌》:“力拔山兮气盖世，时不利兮骓不逝，骓不逝兮可奈何？虞兮虞兮奈若何！”一首是刘邦底《大风歌》:“大风起兮云飞扬，威加海内兮归故乡，安得猛士兮守四方！”这首《大风歌》，后来还把它收入乐府，配以音乐，用作郊庙乐章哩！

《诗经》底诗，本全部可以歌唱，可以入乐。《风》诗虽然是采自各地民间的歌谣，本是不合乐的徒歌；而采集之后，上之太师，必已配谱合乐。《宋书·乐志》言曹操伐刘表，得汉雅乐郎杜夔，夔已老，能歌之《诗》，已仅四章；而四章之中，有《驺虞》，有《伐檀》。前者为《召南》之一篇，后者为《魏风》之一篇；可以为十五《国风》合乐之证。《楚辞》则不可歌、不入乐者多，可歌以合乐者，仅《九歌》而已。于是不合乐者，流为“不歌而诵”之赋；合乐者，则谓之“歌诗”，流为汉代底“乐府”了。《汉书·艺文志·诗赋略》便分“歌诗”与“赋”二种；所谓歌诗都是“乐府”。歌诗虽未分子目，细按之，则有采自各地的歌讴，似《诗经》之《风》；有士大夫所作者，似《诗经》之《雅》；有用于郊庙者，似《诗经》之《颂》。“乐府”原是官署之名（惠帝命夏侯宽为乐府令，则“乐府”惠帝时已有之；特至武帝命李延年为协律都尉，命司马相如等作诗歌，其规模始大），到了后来，乃名此种可以合乐的诗歌为“乐府”，便成为诗体之一了。这样看来,“乐府”是从《诗经》蜕变而来的“歌诗”，只能说它是诗之一体，不能把它独立为和“诗”平列的一种文体，是显然的。《文心雕龙》于《明诗》篇外,《乐府》又专立一篇，把“诗”与“乐府”分做平列的二类，其错误正与把“赋”和“骚”分为平列的二类，作《诠赋》《辨骚》二篇以说明之一样。

诗歌文学，有合乐的、不合乐的二种。《诗经》是合乐的，《楚辞》就大多数不合乐了。不合乐的，便流为“辞赋”。汉代乐府是合乐的；另外也有一种不合乐的诗，这就是所谓“五言古诗”。五言诗，前人都以为起于李陵、苏武底《河梁赠答》，但有人疑心它是后人伪托的。又有以为起于《古诗十九首》的，它们底作者，是汉武帝时的枚乘。但这十九首诗，似非一时一人所作。其中“冉冉孤生竹”一首，明明是东汉傅毅底作品；而“游戏宛与洛”，也是东京人语。《汉书·五行志》载成帝时童谣，有“邪径败良田”一首，恐真是最早的五言诗。诗歌文字，往往先由民间歌谣创此体例，文人好事者摹仿民歌，偶有所作，乃渐渐成为盛行一时的诗体。《诗经》底诗，不是由最早的《豳风》开创的吗?《楚辞》中可合乐歌唱的《九歌》，不也是屈原根据楚南民间旧有祀神之曲而仿造的吗？五言诗之起于童谣，也是这个道理。七言古诗，现存者，似以曹丕底《燕歌行》为最早。前人推为七言首创的柏梁台联句，根本是不可靠的。至于汉武帝底《秋风辞》，还是用的“兮”字调，也不是正式的七言诗（参阅《诗歌文学纂要》)。

曹操借乐府旧题《蒿里行》以写董卓之乱，曹植自作《鼙舞新歌》以摹乐府，于是名为乐府的诗，也有不合乐不可歌的了。唐人诗集中，古乐府、拟乐府、新乐府等很多，于是乐府乃虚有其名，实际上已成为不可歌的诗。乐府既和音乐渐渐脱离关系，于是民间乃别创可歌的调子。东晋《乐录》载有《休洗红》二首，句子是长短句，而二首同出一调。其一云："休洗红，洗多红色澹。不惜故缝[①]衣，记得初按茜。人寿百[②]年能几何？后来新妇今为婆。"其二云："休洗红，洗多红在水。新红裁作衣，旧红翻作里。回[③]黄转绿无定期，世事茫茫君所知。"这种长短句的民歌，六朝之后，渐行于宫中，如隋炀帝底《湖上曲》、侯夫人底《看梅曲》《一点春》，都是摹仿这种民歌的。六朝时的民歌，又有五言四句一解的、七言四句一解的。如《子夜歌》云："年少当及时，蹉跎日就老。若不信侬时，但看霜下草。"即为五言四句一解的民歌。这种民间抒情小诗，士大夫仿制者尤多，发达尤快，成为五言绝句、七言绝句。如陶弘景《答诏问山中何所有》云："山中何所有？岭上多白云。只可自怡悦，不堪持赠君。"已具五绝雏形。唐时即以此种诗合乐歌唱。如"旗亭画壁"的故事，王之涣得意之曲，即是"黄河远上"那首七绝。（"黄河远上白云间，一片孤城万仞山。羌笛何须怨杨柳？春风不度玉门关。"）所谓"阳

---

① 故缝　底本作"缝故"，据《古诗纪·晋二三》改。

② 百　底本作"有"，据《古诗纪·晋二三》改。

③ 回（迴）　底本作"迴"，据《古诗纪·晋二三》改。

关三叠”的送行曲，即是王维《送元二使安西[①]》那首七绝。(“渭城朝雨浥轻尘，客舍青青柳色新。劝君更尽一杯酒，西出阳关无故人。”)李白为玄宗贵妃赏芍药花而作的三首《清平调》，李龟年用以协律的，也是七绝。可见绝诗在唐，确和音乐发生过关系的。绝句合乐歌唱，因为每句字数有定，究嫌太板，不得不加“泛声”。于是本是伏流的长短句的民歌，乃起而代之；而本为绝句式者，亦不得不[②]略有变化，以合音乐。(例如张志和《渔歌子》：“西塞山前白鹭飞，桃花流水鳜鱼肥。青箬笠，绿蓑衣，斜风细雨不须归。”把七绝第三句化成两个三字句。)于是中唐以后，便有“词”的新兴文学，为我国诗歌文学史上一大变迁。

起于“绝诗”之后，至唐而大成的，是“律诗”。绝诗无论五言、六言、七言都以四句为一首。律诗，普通都以八句为一首。绝诗，或前二句对(例如杜甫底《八阵图》：“功盖三分国，名成八阵图。江流石不转，遗恨失吞吴。”)，或后二句对(例如刘长卿底《弹琴》：“泠泠七弦上，静听松风寒。古调虽自爱，今人多不弹。”)，或四句全对(例如柳中庸底《征人怨》：“岁岁金河复玉关，朝朝马策与刀环。三春白雪归青冢，万里黄河绕黑山。”)，但终以四句完全不对者为最多(例如王维底《相思子》：“红豆生南国，春来发几枝？劝君多采撷，此物最相思。”)。律诗，则中四句

① 安西　底本作“西安”，据《全唐诗》(P.1306)改。

② 不　底本脱，据文意补。

必须对（例如白居易底《望月有怀寄示诸兄弟妹》:“时难年荒世业空，弟兄羁旅各西东。田园寥落干戈后，骨肉流离道路中。吊影分为千里雁，辞根散作九秋蓬。共看明月应垂泪，一夜乡心五处同。”），也有首二句亦对的（例如王勃《送杜少府之任蜀州》:“城阙辅三秦，风烟送五津。与[①]君离别意，同是宦游人。海内存知己，天涯若比邻。无为在歧路，儿女各沾巾。”），也有八句全对的（例如杜甫底《登高》:“风急天高猿啸哀，渚清沙白鸟飞回[②]。无边落木萧萧下，不尽长江滚滚来。万里悲秋常作客，百年多病独登台。艰难苦恨繁霜鬓，潦倒新停浊酒杯。”）。从前论诗的人，以为绝诗系截律诗之半而成；其截取前四句者，则后二句对；截取后四句者，则前二句对；截取中四句者，则全首对；截取首尾四句者，则全首不对。这话，初看似乎很对；细按之，则绝诗之起，早在律诗之前，决不是割裂律诗而成的。律诗之长篇者，谓之“排律”；也起于唐代，杜甫集中，已有此体。绝、律，唐人谓之“近体”，亦称“今体”；于是称汉魏以来的五七言诗，篇幅长短、字句平仄不很拘格律者为“古诗”。七言古诗，有名“歌”“行”“引”的，这些名称，都是由音乐的关系而来的。

“词”，兴于中唐以后，至晚唐、五代而大盛。温庭筠是第一个有名的词人；他底《握兰金荃集》是我国最早的一部词底别集。

---

① 与（與） 底本作“兴（興）”，据《全唐诗》（P.676）改。

② 回（迴） 底本作“迥”，据《全唐诗》（P.2467）改。

赵崇祚所编的《花间集》是我国最早的一部词底总集。词和诗不同。诗，如绝诗，则每首规定四句，律诗则每首规定八句，古诗句数不拘，每句也可以长短随意。词则同一调子，句数有定，此调与彼调的句数，则多寡不等。诗除古诗每句底字数无绝对的拘束外，余则五言、六言、七言皆有一定；词则每句底字数，虽须按它底调子填，但并不一律，所以又有"长短句"之名。诗句底平仄，虽也有不同的调子，但调子极简单，一共不过几种花样；词句底平仄，则须视调子而异，不但须讲究平仄，并须讲究四声。诗底七言句，都是上四下三的句法；词底七言句，则有上三下四的句法。就是句子的风格，诗和词也是两样的。例如"落花人独立，微雨燕双归"，这是"诗"；"无可奈何花落去，似曾相识燕归来"，这便是"词"了。词底初起，都是单调小令，前面所举张志和底《渔歌子》，便是一例。又如《如梦令》："莺嘴啄花红溜。燕尾点波绿绉。指冷玉笙寒，吹彻小梅春透。依旧，依旧，人与绿杨俱瘦。"这虽是宋人秦观底词，而《东坡词注》谓本唐庄宗所制，原名《忆仙姿》，因词中有"如梦如梦"句，又名《如梦令》，则此调早已有之了。《花间集》中，这类小令是很多的。后来渐有中调的双调了。例如李后主底《虞美人》："春花秋月何时了？往事知多少！小楼昨夜又东风。故国不堪回首月明中。（前半阕）雕栏玉砌应犹在。只是朱颜改。问君能有几多愁？恰似一江春水向东流。（后半阕）"从北宋柳永以后，又有"慢词"长调，于是有三叠者，有四叠者，调子愈来愈长了。

唐人歌绝句；词既兴起，乃取而代之。宋人所歌，便以词为主。苏轼在翰林时，曾问人："我词与柳耆卿（永）词何如？"其人答以："柳郎中词，当使十七八女孩儿执红牙拍，歌'杨柳岸，晓风残月'（柳永《雨淋铃》句）；学士词须关西大汉用铜琵琶，铁弹板，歌'大江东去'（即《赤壁怀古》的《念奴娇》）。"而秦观婿范温自称"山抹微云婿"，亦为歌场佳话。这都是宋人歌词的轶事。及北宋末，周邦彦为大晟乐正，以词人而深谙音律，故其词最合于乐歌。南宋姜夔亦娴乐律，故能自度新腔,《暗香》《疏影》，其最著者。就此，可见"词"也曾和音乐发生过密切的关系。

继词而兴之新文学为"曲"。曲也和词一样，初起时以小令为多。如马致远底[①]《天净沙》："枯藤[②]老树昏鸦，小桥流水人家，古道西风瘦马[③]。夕阳西下，断肠人在天涯。"这首曲底作风、意境，简直和词差不多。至如关汉卿底《大德歌》："风飘飘，雨潇潇。便做陈抟[④]也睡不着，懊恼伤怀抱。扑簌簌，泪点抛。秋蝉儿噪罢寒虫儿叫。淅零零，细雨洒芭蕉。"便另有一种面目了。散曲之连成一套，以写一事者，谓之"套数"。以后便渐变而为"戏

① 底　底本作"诗"，据文意改。

② 藤　底本作"滕"，据《全元散曲》（P.242）改。

③ 此句底本脱，据《全元散曲》（P.242）补。下文径补。

④ 抟（摶）　底本作"搏"，据《全元散曲》（P.166）改。

曲”，当于论戏剧章述之。

诗歌文学，原是从民间歌谣中滋长起来的，所以现代所谓“俗文学”，和它底关系非常密切。从《诗经》里所辑录的十五《国风》起，以及后世底童谣，六朝时的南北民歌（南方的如《子夜歌》《读曲歌》，北方的如《企喻歌》《陇头流水歌》）；从初期底词曲，直到近代的《白雪遗音》《粤[①]风》《粤讴》，中间包括像《孔雀东南飞》以至《季布歌》《母女斗口》等，可以说是一脉相传的民歌。此外，佛教传入中国后，便有讲唱佛教故事，作为传教底工具的“变文”，如《八相成道经变文》《目连变文》等。当初只在庙宇中讲唱，后来渐渐采取我国历史上和口头传说中的故事或时事作为材料，如《伍[②]子胥变文》《王昭君变文》《西征记变文》等；讲唱的场所也从庙宇移到所谓“瓦子”了。“变文”底嫡系，便是“宝卷”。最早的《香山宝卷》，相传是南宋的作品。宝卷本以宗教性的故事为主体，其讲唱的方法，写作底体裁，几乎全和变文相同，如《鱼篮观音宝卷》《刘香女宝卷》等，现在还有人在宣唱。其后，也有非宗教的故事加入了，如《梁山伯宝卷》《孟姜女宝卷》等。

从变文演化出来的，在宋元之间，有所谓“诸宫调”。其歌唱部分是采取那时流行的曲调组成的，所以比“变文”复杂得

---

① 粤　底本作“奥”。李调元辑有《粤风》，据改。

② 伍　底本作“任”，据《敦煌变文选注》（P.3）改。

多；而其性质和体裁，却还保留着“变文”底遗形。例如董解元底《西厢记诸宫调》、无名氏底《刘知远诸宫调》。从变文演化出来，现在还流行的，有“弹词”和“鼓词”。前者流行于南方，后者流行于北方。弹词，在福建又名“评话”，在广东又名为“木鱼书”“南词”。元末，杨维祯已有《四游记弹词》了。其中有专为妇女而写作的，如《天雨花》《再生缘》等；有纯用吴音写作的，如《三笑姻缘》《珍珠塔》等；而流行于福建的《榴花梦评话》，则多至三百多册。鼓词，俗称“大鼓书”。赵德麟底《商调蝶恋花》实为鼓词之祖。其中，如《大明兴隆传》《水浒传》等，是大型的；如《蝴蝶梦》等，是中型的；小型的鼓词，除去说白，专用唱词，且只唱故事中最精彩的一段的，叫做“子弟书”。子弟书有“东调”“西调”之分：东调唱慷慨激昂的故事，西调则大都为靡靡之音。“诸宫调”底《西厢记》，“鼓词”底《商调蝶恋花》，论文学历史的，认为它们都是剧曲底先声。可见剧曲也是从民间俗文学中滋长出来的，所以俗文学在诗歌文学底变迁的历史中，确占很重要的位置。

诗歌文学，一方面由徒歌而渐和音乐发生关系，后来又渐渐地摆脱了音乐，和音乐脱离关系之后，这一种体裁的诗歌，便逐渐衰落了；一方面由民间的俗文学，而渐为文人所注意、所摹仿，以臻于全盛时代，摹仿的人多了，这一种体裁的诗歌，又逐渐衰落了。以前通行的一种体裁衰落之后，便有一种新兴的体裁起而代之。从《诗经》到可以歌唱的《楚辞》，而乐府，而五、七言古诗，而六朝民歌，而绝诗，而律句，而词，而曲，它们底演变都是如此。将来在《诗歌文学纂要》里，再详细叙述，本章所说，不过是一个梗概而已。

诗歌的灵魂是情感。有真挚的情感的，便是好诗。虽然是叙事诗，所叙的事，也必有充盈、洋溢的情感，方能引起读者底共鸣。叶韵，固然是诗歌形式上的特征；但诗歌不但重在叶韵、重在调平仄，尤须注意它自然的音节。虽然现代新兴的白话诗，有不叶韵的，但也有合于语言之自然的音节。所以学作诗歌，须先从吟咏上下工夫。至于从前论诗者，或主“性灵”，或主“神韵”，或主“格律”……这里也不去详细评述了。

第十七章 ○

小说

“小说”和前几章说过的“传状”“叙记”等，都是记人叙事底文章。但传状所记之人、叙记所叙之事，必是实有其人、实有其事的，虽然也可由作者加以剪裁润色，总以不失真为第一要义。小说，则所记之人、所叙之事，大都由作者底意匠凭想像力去虚拟的；即使是真有其人其事的，也必煊染穿插，加入许多虚构的情节；虽然要写得逼真，但只是“逼”真而已。所以前二类是狭义的文章，后者则是文学，它们底性质，迥不相同。

《庄子·外物》篇所谓“饰小说以干县令”的“小说”，是对于下文“大道”而言的，和《荀子·正名》篇所谓“小家珍说”相同，并不是现在所谓“小说”。《汉书·艺文志》诸子十家中有“小说家”，并且说：“小说家者流，盖出于稗官。”班固于诸子十家，必各指实其所从出之官，原多附会牵强之词；他以小说家为“小道”，为附录，故说它出于稗官。稗官者，颜师古注谓即“小官”，则其泛无所据可知。观其所录，虽均亡佚，而由书名推之，除《宋子》外，似均为外史、别传之类，也与现代的小说大异。中有《虞初周说》九百四十三篇，即张衡《两京赋》所谓“小说九百，本自虞初”者，初为武帝时方士，似小说起于此时，但《周说》未必即是真正的小说。明胡应麟《少室山房笔丛》分小说为六类:（一）志怪，如《搜神记》等;（二）传奇，如《飞燕外传》等;（三）杂录，如《世说新语》等;（四）丛谈，如《容斋随笔》等;（五）辨[①]订，如《鼠璞》等;（六）箴规，如家训等。清纪昀[②]《四库书目提要》又分之为三派:（一）叙述杂事，如《西京杂记》《世说新语》;（二）记录异闻，如《山海经》《穆天子传》;（三）缀辑琐语，如《博物志》《述异记》。可见从前人所谓小说，劄记、杂文也都包括在内，和现在列于文学的小说，性质本不相同。

小说底起源有三：一是“神话”，二是“故事”，三是“寓言”。初民知识蒙昧，对于自然界底现象，不能推求其所以然，往往归之于神。这种关于神底传说，到后来便成了神话。例如徐整《三五历》所记开天辟地的神话说:“天地混沌如鸡子，盘古生其中；一万八千岁，天地开辟，阳清为天，阴浊为地，盘古在其中，一日几变，神于天，圣于地。天日高一丈，地日厚一

① 辨 底本作“办（辦）”，据《少室山房笔丛》（P.282）改。
② 昀 底本作“的”，据史实改。

丈，盘古日长一丈，如此万八千岁，天数极高，地数极厚，盘古极长，后乃有三皇。”（《艺文类聚》引）又如《列子·汤问》云：“天地，亦物也。物有不足，故女娲氏炼五色石以补其阙，断鳌之足，以立四[①]极。其后共工氏与颛顼争为帝，怒而触不周之山，折天柱，绝地维，故天倾西北，日月星辰就焉；地不满东南，故百川水潦[②]归焉。”这些都是从古代传说下来的神话。神话传到后来，便渐渐地人化了，使神也变成了人。例如西王母[③]，在《山海经》中，还是个“虎齿豹尾”“其状如人”的神；在《穆天子传》中，已变成和穆天子酬应的人王了；至《汉武故事》和《汉武内传》，则竟变成了年可三十许的丽人。故事是关于古代英雄或名人底传说。例如《史记·五帝本纪》所载：“瞽瞍使舜上涂廪，从下纵火焚廪。舜乃以两笠自扞而下，得不死。瞽瞍又使舜穿井，以土石掩之。舜穿井为匿空，旁出。”这故事亦见于《孟子》。又如燕太子丹使荆轲刺秦王，虽然没有成功，确是一个可歌可泣的故事。《战国策·燕策》和《史记·刺客传》都载其事；《燕丹子》中又加上许多穿插，写得热闹之至。神话、故事二者，都有传说做它们底根据；至于寓言，如前一章所举的例，却完全由作者编造出来的，寓言有时故意用几个古代底名人在里面，实际上仍旧

① 四　底本作“少”，据《列子集释》（P.150）改。
② 潦　底本作“源”，据《列子集释》（P.151）改。
③ 母　底本作“毋”，据文意改。

是虚构的，并不是真的事实。例如我在“辞赋”一章中举过的例，《庄子》底《盗跖》篇，说柳下惠底弟弟是盗跖，孔子和柳下惠是朋友。孔子自告奋勇，要替柳下惠去劝教这位兄弟，却被盗跖驳得瞠乎不知所对；他触了一鼻子灰回来，在鲁东门遇见柳下惠说："吾所谓无病而自灸也！”这篇嬉笑怒骂的文章，加之孔子，在后人看来，未免太唐突圣人。其实，这明是庄生底寓言；柳下惠是春秋初的人，和孔子相距百数十年，他们两人怎么会做朋友呢？以上三种，都可以说是小说底起源。

严格地说起来，我国唐以前还没有正式的小说。唐以前所谓小说，如干宝《搜神记》之类，为志怪之书，是神话底变相；如《西京杂记》之类，记司马相如和卓文君恋爱的故事，记王昭君出塞的故事，则为故事之属；如《笑林》《启颜录》之类，则为寓言底变相；而最为隽永有味、品格较高的《世说新语》，则为故事性而又兼有幽默的趣味者。但无论是记录的、创作的，都还不是有意于作小说。

至唐，传奇小说出，乃始有意于作小说。虽然后来正统派古文家并不引他们为同道，我却认为当时及于古文家的影响必不小。如韩愈底《毛颖传》及《圬者王承福传》，柳宗元底《蝜蝂传》及《种树郭橐驼传》，实在都带些传奇小说底意味；但以小说论，尚不及其余的传奇小说而已。唐代的传奇小说，有带神话色彩者，如李朝威底《柳毅传》等；有描写恋爱故事者，如陈玄祐底《离魂记》等；有记述豪侠事迹者，如袁郊底《红线传》等；有关于掌故者，如陈鸿底《长恨传》等。这类小说，方有运用想像力构成的局面，有剪裁，有描写，方可称之为正式的短篇小说。其以历史的人物为小说中的人物的，亦必有虚构的人物参杂其间；事实虽属虚构，而其结果必不违背历史的事实。例如杜光庭底《虬髯客传》，其中的人物如杨素、李靖、刘文静、唐太宗，都是历史上有名的人物。红拂与虬髯客则为非历史的人物。虬髯客底事实完全是虚构的，但结果则虬髯客往海外觅地，让唐太宗在中国一统山河，仍不背历史的事实，所以是一篇很好的历史小说。

宋代也有传奇小说，如乐史底《绿珠传》、秦醇底《谭意歌传》之类，但终不能超过唐人，甚且不及唐人。至于带有神怪性的小说，如徐铉底《稽神录》、吴淑底《江淮异人录》等，鲁迅以为，"既失六朝志怪之古质，复无唐人传奇之缠绵；盖当宋之初，志怪而又须以可信见长，故此道终于不振"，可谓知言。

宋代的小说，不以文言的传奇见长，而以白话底弹词小说见长。明郎瑛《七修类稿》谓小说起于宋仁宗时。那时汴京伎艺人中，有所谓"说话人"。据《武林旧事》所举，有"演史""说经诨经""小说""说诨话"四种。说话人所用的底本，叫做"话本"，用白话写成的，便成所谓"诨词小说"。如《三国志平话》《五代史平话》以及《宣和遗事》等，就是所谓"演史"；如《大唐三藏取经记》《西游记》(《永乐大典》所收，非现在通行的《西游记》）等，就是所谓“说经诨经”；如《京本通俗小说》所收的《辗玉观音》《错斩崔宁》《冯玉梅团圆》等，便是所谓“小说”；《古今小说》所录《张古老种瓜娶文[①]女》，却似乎是“诨话”。这些都是白话的短篇小说。

白话底长篇章回小说，大约起于宋元之间，至明清而大盛。施耐庵（？）底《水浒传》、罗贯中底《三国演义》、吴承恩底《西游记》，以及清代曹雪芹[②]底《红楼梦》、吴敬梓底《儒林外史》、李汝珍底《镜花缘》等等，都是著名的白话章回小说。所谓“章回”，是分章分回的，其回目，多数是七言八言的对句，如《水浒传》底“王教头私走延安府[③]，九纹龙大闹史家村”之类；每回开头，往往用“话说……”以接前回；每回末了，往往有“这正是……”或“有分教……”云云，下面，或用七字诗两句，或用两排骈句，并以“欲知后事如何，且听下回分解”等话作结。这些都是“话本”的遗形。就其内容分别，则《水浒传》为豪侠小说，《三国演义》为历史小说，《红楼梦》为人情小说，《儒林外史》为讽刺小说，《镜花缘》为理想小说，此外还有许多花样；因与文体无关，当于《小说纂要》中详述之，本章仅说明我国小说所原有的体类而已。

---

① 文 底本作“艾”，据《喻世明言》（P.310）改。

② 芹 底本作“岑”，据史实改。

③ 府 底本作“道”，据《水浒传》（P.10）改。

清末，东西洋文学输入中国，于是有翻译的小说，或长篇，或短篇。如近人林纾，即以译西洋小说著名。林氏自己并不懂外国文，由魏易、陈家麟等看了英文本子，讲给他听，然后由他写成中文。他以古文译外国小说，却替古文开辟一片新的园地。周作人兄弟所译的《域外小说集》，还是用文言文的。后来才有人用语体文译东西洋小说名著，而自己创作的小说，也都欧化了，一脱旧小说底窠臼。其实长篇的小说，无论是创作、是译作，用文言、用白话，也都分章，不过以二字三字或字数无限制的语句为题而已，当和旧有的章回小说为一类。至于短篇，虽已脱离从前传奇小说底窠臼，而着重于社会生活底描绘，是偏于写实的居多了，但其为短篇小说则同。小说，不论长短，都是用文言散文写作的，用骈文写作者，却不多见。只有《燕山外史》，却是部骈文的长篇小说。用骈文做小说，使读者阅未终卷，便昏昏欲睡，真可说是吃力不讨好的事情！

做传状、叙记等文，所写是真的人和事，所以作者须有精确的观察力；做小说，人物、事实都出于虚构，所以作者须有丰富的想像力。但小说底作者，观察力亦不可少。因为现代的小说，是写实的，不是传奇的；是须从社会各阶层底事实中去觅取题材的，不能全靠想像去凭空虚构的。岂但题材的主要部分须切合于现实，便是篇中小小的节目，也应合于文中所写的事实与环境。一般生活于都市的文人，所写的乡下农民生活，往往是不合实际的；此虽小节，终是大疵[①]。

做记人的传状之文，第一须能写出他底个性来。故于题材的去取，凡有以表现个性者，虽小必详；凡不足以表现个性者，虽大亦略。做小说也是如此。《红楼梦》写了许多小姐、丫头，可是林黛玉、薛宝钗、史湘云、邢岫烟……各有各的个性；袭人、晴雯、紫鹃、平儿……也各有各底个性。虽说袭人似宝钗，晴雯似黛玉，细按之，又迥不相同。《水浒传》所写的，都是强盗，而且是住在一起的；他们底个性，又有极相似之点；作者又故意造出相像的事实来，以相像的事实来显出他们的个性底不同。这就是《水浒传》《红楼梦》二书作者的长处。

小说的人物事实，虽然是虚构的，描写人事虽然须有煊染，但必须不背人情。《儒林外史》的讽刺，诚然是冷隽深刻极了，可是它写严监生临终时，因为油灯里点着三根灯芯草，便出三个指头，一时不肯便死去，我终嫌他有些过火，不近人情。《西游记》虽然是一部神魔小说，完全凭作者的想像力写去，但有些地方，也不很合于情理。例如孙悟空大闹天宫时，何等神通，天上一切神道都奈何他不得，只得去请教佛法无边的如来；何以他在西天路上遇到了许多由天上逃下来的二等神道，便没法摆布，不得不去向观音大士求救？继《水浒传》而作的《荡寇志》，笔力也不算

① 疵 底本作“庇”，据文意改。

弱，写陈丽卿、云天彪等都很能表现个性；可惜他一定要使一百零八个好汉，都不能漏网，而且花荣必死于箭，张清必死于石子，也未免不近人情。《三国演义》，在中下级社会，势力非常之大。可是他想竭力写诸葛亮底神机妙算，却把他写成一个阴险刻薄的、恶讼师式的人物；而且加以借东风、祭星斗等穿插，又变成了一个妖道。刘备本也是作者所钦崇的人物，可是照《三国演义》所写的看来，不是一个伪君子便是一个傻子，最好也不过像《水浒传》中的宋江。这都是写得过火了，以致不近人情的缘故。

做小说，结构是很要紧的。《水浒传》以洪太尉开石碣放出群魔起，以忠义堂发现石碣结，而以卢俊义惊噩梦作余波，结构最好。《荡寇志》即从此处接下去，恰似天衣无缝。可是，要荡寇，尽可另撰一部扫荡寇盗的小说，何必去续首尾已完全的《水浒传》?《红楼梦》从黛玉入贾府始，到林黛玉焚稿断痴情，本已可结束了，而高鹗却要续下去，幸而以宝玉出走为全书的结局，不落大团圆底窠臼，尚可免狗尾续貂之讥。但许多不解事底笨伯，偏要做什么《绮楼重梦》《红楼圆梦》等，硬做成大团圆的结局。这正和《说岳精忠全传》不肯在岳飞屈死时作结，偏要造出岳雷挂印等不合历史的事实来替岳家团圆一样的笨拙。《儒林外史》底结构，最为松懈，全书似乎是合许多短篇而成的。其实，既写成一部书，便不应如此。至于近来做旧式章回小说的，如《江湖奇侠传》之类，毫无结构地信口开河，可以一续再续……以至无限，在我看来，毕竟是一个大缺点。

至于短篇小说，我认为胡适所说的以“最经济的手段”，写“最精采的片段”，确是一种好的作法。要写战败后割地之惨痛，只须借一小学生所看到的感到的、他们老师在上最后一课底神情来衬托；要写敌军开入都城时的一瞥，只须借一卧病在家的老兵听到军队行进声，还以为是本国军队凯旋来反映。这手段何等经济，这两件小事写得何等精采！所以短篇小说，并不是专指篇幅之短而言。随随便便抓住了毫不精采的题材，又不能加以剪裁、组织，更没有描写、渲染的工夫，短短的写了几行，决不能成为一篇短篇小说的！一般人以为短篇小说容易做，我却认为是很难做的一种文学作品。

第十八章○

戏剧

现代通行的“话剧”，是由国外输入的，即有创作的剧本，也是仿造外来的剧本，并非我国固有的文学。我国旧有的，是“歌舞剧”，和“诗歌”“小说”二类都有密切的关系，因为剧曲是由诗歌类中的散曲演变而成，而其题材则多取自前人底小说。

近人王国维底《宋元戏曲史》，论戏剧底起源，一直上溯到古代底“巫”。他以《尚书》“恒舞于宫，酣歌于室，时[①]谓巫风”的几句话，为歌舞出于古代之巫之证。按，梁启超《诗经解题》说《诗经》之《颂》是歌而兼舞，用以乐神的；而《楚辞·九歌》为屈原仿民间祀神之曲而作的歌，楚俗信巫，故歌舞特盛。即此二端，已足为王氏之说底佐证。其后，乐神之巫而外，兼有乐人之优，如春秋时，楚有优孟，晋有优施，则已以俳优滑稽乐人

① 时　底本作“是”，据《十三经注疏》（P.345）改。

了。汉代而降，寻橦、角觝等竞技，吞刀、吐火等魔术，逐渐兴起。此虽与我国合歌唱、舞蹈、竞技、魔术……诸技而成的杂耍式的旧剧有关，但与戏剧底文体无涉。至北齐，乃有表演故事的歌舞出现：一曰“代面”。北齐兰陵王长恭美而勇，每临阵，必戴假面；“代面”，即歌《兰陵王入阵曲》，且歌且舞以表演其入阵之容者。二曰“踏摇娘”。演酒徒苏鼽鼻醉殴其妻，其妻一步一摇，哭诉邻人底滑稽故事。三曰“拨头”。王国维疑即“拔豆国”之转音，演胡人为虎所噬，其子入山寻尸杀虎的故事；山凡八盘，行一盘，歌一曲。盖北周时已输入西域底七声乐，故音乐、歌舞上得开一新局面，而拨头即系直接来自域外的舞歌。唐昭宗时孙德昭等所作之《樊哙排君难》，以歌舞演项羽、刘邦鸿门宴底故事，即由北齐时的歌舞演进而成。至盛行于唐末、五代、两宋，以滑稽、讽刺为主，颇似现代话剧的“参军戏”，则起于西晋之末。所以名参军戏者，因此类滑稽剧中，例有二角，正角曰“参军”（此名，《宋元戏曲史》谓起于前赵之馆陶令石耽），配角曰“苍鹘”；二角互相调笑，以为取乐之资。《五代史·吴世家》记徐知训专政时，常与吴幼主杨隆演戏，知训为参军，吴王为苍鹘；而李商隐《骄儿诗》已有“忽复学参军，按声唤苍鹘”之句，可见唐末、五代已盛行此种参军戏了。《唐阙史》曾载懿宗时优人李可及底滑稽剧一则：

> 咸通中，优人李可及者，滑稽谐戏，独出流辈……尝因延庆节，缁黄讲论毕，次及倡优为戏。可及乃褒衣博带，儒服险[①]巾，摄齐以升讲座，自称“三教论衡”。其隅坐者问曰：“汝既自云博通三教，试问释迦如来是何如人？”对曰：“是妇人。”问者惊曰：“何也？”对曰：“《金刚经》云：‘敷座而坐。’如非妇人，何烦夫坐然后儿坐也？”……又问：“太上老君何如人也？”对曰：“亦妇人也……《道德经》云：‘吾有大患，为吾有身；及吾无身，吾又何患？’如非妇人，何患有娠乎？”……又曰[②]：“文宣王何如人”？对曰：“亦妇人也。《论语》云：‘沽之哉，沽之哉，我待价[③]者也。’如非妇人，何为待嫁？”

此种滑稽戏，宋人亦谓之“杂剧”。《桯[④]史》记南宋初，秦桧受赐第于望仙桥，有诏就第赐宴，演杂剧。参军前褒桧之功德。一伶奉太[⑤]师椅使坐。参军拱手谢，忽坠其幞头，髻后有二大巾环。旁伶指问：“此二环何名？”参军曰：“二圣环。”伶遽击其首曰：“汝但坐太师交椅，领取银绢赏赐，二圣环置之脑后可也？”一坐

① 险　底本作“儒”，据《大唐新语（外五种）·唐阙史》（P.254）改。

② 曰　底本作“同”，据《大唐新语（外五种）·唐阙史》（P.254）改。

③ 价（價）　底本作“贾”，据《大唐新语（外五种）·唐阙史》（P.254）改。

④ 桯　底本作“程”。下文所述事出自《桯史》卷七，见《桯史　默记》（P.62）。据改。

⑤ 太　底本作“大”，据下文改。

为之失色。盖以“环”音谐“还”，“二圣环”，谓收复失地，迎还徽、钦二帝，则杂剧且以时事为讽刺了。此为由古代俳优变来之戏剧。其后乃有乐曲歌唱歌舞于戏剧者，而且角色渐多，有“末泥”“引戏”“副净”“副末”“装孤”“装旦”等，较前已趋于繁复。其时北方之金，亦有所谓“院本”。据南宋周密《武林旧事》、元陶宗[①]仪《辍耕录》所载南宋杂剧、金院本底名目，已有扮演古今故事者，例如《柳毅大圣乐》即演唐人传奇小说中《柳毅传》底故事，为元杂剧《柳毅传书》之先声。大抵所用乐曲，不出歌舞的“曲破”、无歌辞而仅奏乐的“断送[②]”及游乐的“小曲”等。《太和正音谱》云:“杂剧者，杂戏也；院本者，行院之本也。”盖杂剧由其所演技艺不止一种而得名，院本由其演奏的地点在行院而得名；名称因南北方言而异，而二者之性质则同。故《辍耕录》云:“院本、杂剧，其实一也。”二者尚仅能谓为“歌舞”，故虽为戏剧历史的一部，仍与文体无关。及元代杂剧兴，而我国戏剧乃渐臻于正式的完成时期。

元人杂剧，乃有体例可言。它们每本限于四折。所谓一“折”，极似现代话剧底一幕。此虽由宋杂剧底“艳段”一段、“正杂剧”两段及“杂扮”一段，分四个段落底体例演化而成；但宋杂剧之四个段落，其内容绝无连络，元杂剧则四折连络一贯，以

① 宗 底本脱，据史实补。

② 送 底本作“道”，据文意改。

演一故事。此为结构方面底一大进步。宋杂剧、金院本虽亦有极少数用“诸宫调”者，但一剧中终以限用一种乐曲为主曲者，占绝对多数。例如《剑舞》以《剑器曲破》为主曲,《莺莺六么》以《六么》大曲为主曲。元剧，则于一折之中，有出于大曲之曲，出于词调之曲及时调小曲，惟在同一折中，须用同属一宫调之曲而已。宋、金杂剧、院本之唱法，尚不脱队歌、队舞之形式，故常由二人以上合唱。例如《吕洞宾》杂剧所常唱之《醉太平》曲，由各脚色合唱;《剑舞》之《霜天晓角》，由二人以上合唱。元剧则每折中之曲，通例由为主角之“正末”或“正旦”独唱；其他角色，即偶有唱者，亦限于唱与本曲无关的、附带的小曲。宋、金剧本中之唱，尚未与戏剧本身融合，而常为游离的；恰如现代平剧《小放牛》中乡姑牧童所唱之山歌,《打花鼓》中旦、丑所唱之花鼓曲，与剧情无关。元剧始以唱曲代“对话”或“独白”，以代言体表示剧中人底意思，或表示过去之事情、他人之形状举动、自己之现状动作以及说明四围之景象，使观众明白剧中本事演进时的场面与环境，而与剧情发生密切之关系。此为乐曲方面底一大进步。宋、金剧本虽亦演故事，亦于乐曲之外加念白，而其唱白之辞，纯为叙事的，推想其情形，当与现代的“大鼓”“弹词”等相类。元剧则“白”亦为代言体，诸角色底科、唱、白，完全代表所扮剧中人底举动言语。这也是文辞体制方面底一大进步。即此三端，元曲底体裁，已可见其大略了。

元剧是“北曲”，元以后之“传奇”则为“南曲”。南曲之起源，明人认为是北宋末或南宋初，起于浙江温州永嘉的“戏文”。近人王国维亦谓与宋杂剧无关。按，明何良俊《四友斋丛说》云：“金元人呼北戏为‘杂剧’，南戏为‘戏文’。”元周德清《中原音韵·作词起例》云：“南宋都杭，吴兴与切邻，故其戏文如《乐昌分镜[①]》等，呼吸唱念，皆如约韵。”（梁沈约，吴兴人。）明初叶子奇底《草木子》以王魁为永嘉戏文之祖，而宋官本杂剧中亦有《王魁三乡题》一种，似乎是同一种剧本。且杭州与温州，非相去辽远之二地，发达于温州底[②]戏文，似无不输入当时都城杭州之理，而《梦粱[③]录》及《武林旧事》列举南宋时盛行于杭州的种种伎艺，并未之及。就此推想，或者温州底戏文，和当时盛行于杭州的宋杂剧，本无甚差异，而特称之为“戏文”者，原以别于元代新兴的杂剧，亦未可知。此种推想，如非错误，便不能说戏文与宋杂剧无关。

但是宋杂剧与后来的传奇，体制上有绝不相同的三点：（一）以篇幅论，后者较前者长数倍乃至十数倍；（二）以乐曲论，前者一剧中限用一种主要的乐曲，后者杂缀众曲，混用诸宫调，复杂远过前者；（三）以唱白先后论，前者先念白，后歌舞，后者皆以

① 镜　底本作“统”，据《〈中原音韵〉校本》（P.51）改。
② 底　底本作“为（爲）”，据文意改。
③ 粱　底本作“梁”，据史实改。

歌曲开场。体制上的差异如此，则由宋杂剧演进为“传奇”，其间必有一居间者，这就是所谓“诸宫调”了。金董解元底《西厢记诸宫调》已有四本十六折，日本人仓石武四郎所辑元王伯成底《天宝遗事诸宫调》残本，也有五十五套之多，由此推想，所谓诸宫调者，殆皆为长篇巨制。元明之间的高则诚之《琵琶记》，一般人公认为南曲之祖者，亦已为四十三出之长篇。此其一。“唱赚”“大曲”“曲破”等，都没有用许多宫调的，元剧每折中之曲亦限于同一宫调。惟诸宫调，即以频易其曲之宫调为特征，恰与“传奇”在一出中混用二种以上之宫调相同。此其二。《剑舞》以竹竿子之“念语”开场；宋金元剧，亦皆以宾白开场。惟诸宫调则必先唱曲，而后念白，与“传奇”之每出必以唱曲开场同。此其三。由此三点，可以推想诸宫调与后来南曲传奇底关系之密切，而是宋杂剧“戏文”与“传奇”间蜕变之关键。

元剧每本限于四折。折之外，或加“楔子”。有冠于全剧之首，以演入本题之前之事者；有插入折与折之间，以表示前后二折间经过之情形者；却不能算做一折。《录鬼簿》于所录张时起底《赛花月秋千记》下注云“六折”，此为打破每本四折的例外，但极少见。有剧情非四折所能尽者，则宁再加一本（亦四折），以演完此故事。例如新近发现之明初刘东生所作北曲杂剧《娇红纪》，便有二本；而王实甫底《西厢记》则有五本（每本四折，共二十折）之多。故不论剧本长短，均不能破每本四折之限例。南曲之“出”，即北曲之“折”。但每本出之多少，无一定之限制，而篇幅大多较元剧为长。如《永乐大典》所收之戏文,《张协状元》三十出,《小孙屠》十余出,《宦门子弟错立身》亦有六出；而《琵琶记》则多至四十三出。此为南、北曲大体上相异之点。南曲第一出往往为一剧之发端，登场之“末”，仅念诵词二阕，而古本《琵琶记》及《永乐大典》中皆明注“末白”二字，则非唱曲可知。此二词，第一阕表明作者底意见，第二阕述本剧之大意。其形式恰与元剧之楔子相似。此为南、北曲大体相同之点。

元剧仅用主角“正末”或“正旦”独唱；其他角色，但说白，不唱曲，即唱，亦非正曲；即在一折中正末、正旦[①]二主角相对时，亦止一人独唱；故全剧仅由一角色独唱，此种“单唱”之法，为元剧之常例。故全剧由正末一角色唱者，谓之“末本”；由正旦一角色唱者，谓之“旦本”；而同一剧可以有“末本”“旦本”二种不同的本子。例如杨显之底《酷寒亭》杂剧，据《太和正音谱》注明，便有末本、旦本二种。但这里有一点须注意：正末或正旦，在全本四折中，所扮的剧中人物，未必是同一人。如《酷寒亭》，正末在前二折，扮剧中人赵用；在第三折，扮张保；在第四折，又改扮宋彬。所以在四折中，唱的人或为赵用，或为张保，或为宋彬，而扮演的角色却同是一个正末。同一剧中，此折正末唱，

① 旦　底本作“白”，据上文改。

那折正旦唱，如《张生煮海》者，是很少见的例外。南曲传奇则唱者不限一角色，唱时亦不限一人唱。有一角色独唱一曲者；亦有二人以上，前后接唱一曲者；有二人同声齐唱一曲者；亦有甲唱前一曲之前半，甲乙合唱前曲之后半，再由乙唱与前曲同腔异词之后曲底前半，甲乙再合唱后曲之后半者；较元剧复杂得多了。此为南、北曲唱法之异。

元剧之曲，一折为一套，一套必用同一宫调之诸曲，多至十数曲或数十曲；南曲传奇则一出有曲数套，每套或仅用两三曲，多亦仅六七曲，但不限于同一宫调。元剧每折末必有“尾声”。南曲则有“尾声”否不一定。元剧同在一折中之曲，须叶一韵到底；南曲则同在一出中之曲，换韵者极多。元剧为北曲，故用《中原音韵》叶韵，且只有平、上、去三声，无入声；南曲则用南方韵，四声皆备。元剧多俗语，多衬字，“白”固纯用当时口语，曲中也多语体词句；南曲则俗语衬字皆较少，“白”亦较近文言，且有用骈句者。元剧多以悲剧终场，如《窦娥冤[①]》《梧桐雨》等；南曲则以团圆终场为惯例（如清人孔尚任作《桃花扇》传奇，以男女主角侯方域、李香君一同出家收场，又加余韵一出，本有铿尔之妙；而孔氏友人顾彩认有背南曲规例，作《南桃花扇》，改为侯、李二人结婚的大团圆结局）。此为南、北曲作法体例之异。

---

① 冤　底本作“怨”，据史实改。

宋杂剧与金院本，名称虽异，体制上实无大差别，所以者何？金人文化低落，侵占北方亦不甚久，各种文化实皆承北宋之遗，无甚改革或创造。南、北曲之分道扬镳，当起于元代。因为那时北方沦陷已久，中原文化，因之渐变。文人或耻仕异族，或沉沦下僚，故元剧多无名位的作家。元代北曲盛，南曲衰；明代起于江南，北驱胡元，文风随政局而变，故南曲盛而北曲渐衰。因为那时北曲也渐染南风，浸失其特征。例如每本限四折，为元剧特征之一。而明代所作北曲，如李开先底《园林午梦》、汪道昆[①]底《五湖游》《远山戏》，皆仅一本一折；许潮底《太和记》则多至二十四折。单唱亦元剧之特征，而明周宪王底《曲江池》杂剧，第一折旦唱，第二折末唱，第三折旦唱，第四折末唱，第五折又旦唱，开“末旦全唱”之例。北曲底特征既逐渐消失，于是北曲遂为南曲所征服、所吞噬，而卒消亡。

明代传奇南曲，初仅用弦索合奏。至嘉靖间，昆山有梁辰鱼者，长于词曲；有魏良辅者，善歌曲演剧。梁辰鱼作《浣纱记》付魏歌之，始备众乐器，而剧场于以大成。以所歌为昆山腔，故有“昆曲”之名。可见昆曲和以前的南曲传奇，只有音乐歌唱上的变更，文体上并没有什么改动。到了清代，乃有与昆曲对立，为“西皮”“二黄”……总称之“乱弹”。由昆曲变为乱弹，是我

① 汪道昆　底本作“顾大典”，据史实改。

国戏剧史上一大变迁。

清高宗乾隆时，两淮盐商祝皇帝寿所献之戏剧，分二部：一为“雅部”，是昆曲；一为“花部”，是乱弹（见《扬州画舫录》）。据此，似雅部、花部之分，即起于乾隆时。但花部诸腔，已早发生于明万历间（见《曲律》），且有应归入雅部者。如起于江西弋阳之“弋阳腔”，实亦南曲之一种，时代反较早于昆曲。嘉靖间已衰落；万历间，谭纶以“海盐腔”为基础而复兴之。汤显祖底《宜黄县戏神清源师庙记》（见《玉茗堂集》），言之颇详。弋阳腔渐流行于北方，盛于今河北省之高阳，因又称“高腔”；其后盛行于北京，又称“京腔”。此三种戏剧，曲本皆同昆曲，惟唱奏之声调及所用乐器有异。故列之花部，不如附之雅部。

代昆曲而兴，为清代末年戏剧界之权威者，为“皮黄”，就是现在一般人叫做“京戏”或“平剧”的。“皮”者，“西皮”；“黄”者，“二黄”。清张祥珂底《偶忆编》有云：“戏曲二黄调始自湖北，谓黄岗、黄陂二县。”此种戏曲，传至安徽而益盛，湖广亦被其风，故又有“徽调”及“湖广调”之称。其主要之乐器本为笛，传至北京后，乃采用胡琴。《梨园佳话》说西皮也起于黄陂。张亨甫之《金台残泪记》则云：“南方称甘肃腔曰西皮调。”《燕兰小谱》记其目睹的乾隆时流行于北京之甘肃调云：“其乐器不用笙笛，以胡琴为主，月琴辅之。”又恰与现代之西皮调同。近人欧阳予倩《谈二黄戏》文中有曰：“湖北土语谓唱曰‘皮’。西皮或者是‘西秦的唱’之意。”则西皮调当起源于甘肃；说它起于湖北黄陂，故名西皮，是错误的。二黄流入北京之后，始与西皮合流而成“皮黄调”。所以二黄又称“南路”，西皮又称“北路”。《扬州画舫录》记乾隆时徽伶高朗亭初输入二黄至北京时的事情云：“以安庆花部合京、秦二腔，名其班曰三庆。”则皮黄之由西皮、二黄合成，当在此时。此外，尚有所谓“梆子腔”者，又分南梆子与山西梆子二种；又有地方色彩极浓之“越剧”“粤剧”……皆当列入花部，但花部诸腔之剧本，其辞句极为俚俗，且唱句以二二三之七字句、三三四之十字句为多（如《武家坡》之首句“一马离了西凉界”为七字句，“薛平贵好一似孤雁归来”，则为十字句）。一角色上场之引子则有四字句（如皇帝登场之例句云：“凤阁龙楼，万古千秋。”）、五字句（如《空城计》诸葛亮登场引子云：“兵出祁山地，要擒司马懿。”）、六字句（如《文昭关》东皋公引子云：“庄外青山绿水，黄花百草风吹。”）等。以言文学，殊无足观。

自元剧以至平剧，都有“唱”“白”“科”三者。唱者，以音乐伴奏之曲辞；白者，仅用口语之道白；科者，表演之动作；合歌唱、说话、动作三项，而成扮演剧中人的角色底任务，故其性质为表演故事的歌舞剧。自国外输入之话剧，则仅有表动作之“科”、说话之“白”，而不复有伴乐之“唱”，故其性质与旧剧不同。旧剧本无布景；其有布景，系摹仿话剧而来。但近来海派旧剧，则变本加厉，以电光机关变幻之布景为招徕观众之号召；而武行戏中，复有所谓真刀真枪拳术武技等；丑角打诨，亦有即景生情，临时加以发挥者，于是歌舞剧乃兼有魔术、竞技、滑稽讽刺诸戏，似乎能集古来诸戏之大成，实则等于杂耍而已！旧剧院本无布景，其表演又多为象征的，如扬鞭以示骑马，持桨以表乘舟，登楼仅作升梯之状，出入仅作跨栏及开门、闭门之势。其最不合理者，如剧中人登场，必自报姓名略历，或独坐唱道自己底心情，与夫舞台上不能表演之事实，以及举手自障，而背在坐之剧中人以自道其隐曲，或径至台前向观众道之，此皆不合剧情者。话剧，则凡剧中人姓名、来历、立场、心情，皆须设法借剧中谈话、举动于无意中点出，较旧剧合理多了。话剧有独幕剧、多幕剧，但无连续至十幕以上者。现时海派旧剧，则多喜编成数十本之连台戏。话剧底剧情，亦由旧剧之传奇的而变为写实的，以描写人间社会底生活情形为主，正和现代新小说一样。即以文学上的价值而论，也远胜于旧剧。所以从旧日歌舞剧而变成新剧，不能不说它是一进步！

第十九章○

风格（上）

文章体类，既分述如上，兹当进而附论文章之风格。唐人司空图作《诗品》，论诗之风格，共分二十四品（《诗品》有二，梁钟嵘所作，分上、中、下三品，评论诗人，与司空图所作不同）。清袁枚作《续诗品》，鲍桂星又有《唐诗品》，都是单论诗的。诗有品格，其他各体文章也有它们底品格。作者底时代、地方、个性、学力、环境及一时内心底触发，对外面的人事景物所携得的印象，各不相同，所以不但一时代有一时代底风格（如唐诗和宋诗不同，魏晋文和唐宋文不同），一地方有一地方底风格（如荀卿北人，其赋与南方赋家屈原底作品不同，南曲和北曲也不相同），一学派有一学派底风格（如老子、庄子和墨子、韩非，各不相同），一人也有一人底风格（如李白和杜甫底诗不同，韩愈和柳宗元底散文不同），而且同一作者底作品，其风格亦有不同者（如李后主底词，在南唐时与降宋后，迥不相同）。我们在文体论中附论风格，只能就辨别风格底要点，来提示大概；如其要就每个作者或每篇作品中去细细体味，只好让读者自己去下工夫了！

文章底风格，可就两方面去辨别：一是具体的方面，二是抽象的方面。本章先就具体方面述说：如以文辞论，则有“繁缛”与“简约”之别；以笔法论，则有“隐曲”与“直爽”之别；以章句形式论，则有“整齐”与“错综”之别；以诗文格律论，则有“谨严[①]”与“疏放”之别；以文章意境论，则有“动荡”与“恬静”之别。兹逐项申说如下：

古人论文，似乎以主简者为多。例如晋陆机《文赋》云：“要辞达而理举，故无取乎冗长。”他这二句话，还以“辞达理举”为必要的条件。隋王通《中说》则云：“古之文也，约以达；今之文也，繁以塞。”似乎更明白地偏重简了。清方苞《与程若韩书》云：“夫文，未有繁而能工者。如煎金锡，粗矿去，然后黑浊之气竭而光润生。”则断言文之繁者必不能工了。这些都是主简之论。主繁之论，仅于东汉王充《论衡》底《自纪》篇中见之。充之言曰：“为世用者，百篇无害；不为用者，一章无补；如皆为用，则多者为上，少者为下。累积千金，比于一百，孰为富有？盖文多胜寡，财寡愈贫。世无一卷，吾有百篇；人无一字，吾有万言。孰为智者？”此主繁之论。文章诚有简胜于繁者。《说苑》记泄冶之言曰：“夫上之化下，犹风靡草；东风则草靡而西，西风则草靡

① 严（嚴）底本作“岩（巖）”，据文意改。

而东，随风所由，而草为之靡。”以风之靡草喻上之化下，共用三十七字。《孟子》亦有比喻，则仅用十八字：“君子之德，风也；小人之德，草也；草上之风，必偃。”《论语》亦有同样的话，又省去两个“也”字。《尚书·君陈》篇云：“尔惟风，下民惟草。”则仅用七字，意思仍很明白。但也有繁胜简者。如《礼记·檀弓》云：“子路有姊之丧，可以除之矣，而弗除。孔子问之。子路曰：‘吾寡兄弟而弗忍也。’孔子曰：‘先王制礼；行道之人皆弗忍也。’”孔子底话似太简单了，不易看明白。《孔子家语[①]》也记此事，孔子底话便不如此简单：“行道之人皆弗忍。先王制礼，过之者俯而就之，不及者企而及之。”加了两句，孔子底意思，便明白得多。依这两个不同的例看来，则文章有宜于简的，也有宜于繁的，不能执一而论。所以明胡应麟《少室山房笔丛》有云：“简之胜繁，以简之得者论也；繁之胜简，以繁之得者论也。要各有攸当焉。”又云：“合作，则简者约而该，繁者赡而整；不合作，则繁者猥而冗，简者涩而枯。”此说最为明通。魏禧《与子弟论文书》云：“文章繁简，非因字句多寡、篇幅长短。若庸絮懈慢，一句亦谓之繁；切到精详，连篇亦谓之简。”魏氏之言，乍看似亦主简之论；但他所谓繁简之别，并不在字句之多寡与篇幅之长短，则又与一般主简之论不同。顾炎武《日知录》中论“文章繁简”一则有云：“辞主乎达，不论其繁与简也；繁简之论兴，而文亡

① 语 底本作“说”。下文所述语出自《孔子家语》卷一〇。据改。

矣。”钱大昕《与友人论文书》亦云：“文有繁有简。繁者不可减之使少，犹简者不可增之使繁。”诚为确论。盖繁简各有得失，繁之得者如春花，简之得者为秋实；繁之失者如芜草，简之失者如枯枝。繁之得，为丰缛，为明畅，为详尽；其失，为噜苏，为肤杂，为懈慢。简之得，为老练，为紧凑，为峭劲；其失，为枯窘，为晦涩，为局促。以上所说，还是站在修辞底立场来评论文章底繁简；如就繁简之各得其当者观之，则亦各有其“丰缛”与“简约”底风格。如《论语》与《孟子》，《老子》与《庄子》，就其风格作比较，便觉《论语》《老子》以简约质朴胜，《孟子》《庄子》以繁缛闳肆胜，而春秋与战国底作风之不同，亦于此可见。就大概的情形说，古文约而今文繁。因为古代以竹简木牍代纸，刀刻漆书，后用缣帛，仍嫌昂贵，成书不易，故多简约其辞，达意而止。其以口耳相传者，尤宜简而不宜繁。及纸笔迭兴，成书较易，故文章亦渐趋于繁了。这是物质方面底原因，章学诚底《乙卯劄记》中，已有论及。至雕板印刷术发明，石印、铅印等法输入后，成书更易，文章自然更繁。但一时文章、学术底风尚，也有关系。如战国时游谈肆辩之风盛，故虽尚用简牍，而文已繁于春秋；东汉时诂经炫[①]博之风盛，故虽尚用缣白，而秦延君注《尧典》，已以十余万言解篇目二字，以三万言解“曰若稽古”四字了（见桓谭《新论》）。又有在时代相去不久的作品中，也有同一题旨而繁

---

① 炫　底本作“眩”，据文意改。

简迥不相同的。例如杜甫《贫交行》云："翻手为云覆手雨，纷纷轻薄何须数。君不见，管鲍贫时交，此道今人弃如土！"何等简洁。白居易底《太行路》也是叹"人情翻覆"的诗，借夫妻、君臣来说，较之杜诗，竟繁到六七倍。可见文章繁简，不尽基于物质的原因，而是作风底不同。

人们发表自己底意见、情感时，有的喜欢委婉曲折地绕远圈子，有的喜欢直截痛快地开门见山；有时可以慷慨陈辞、一泻无余，有时只能半吞半吐、婉曲其辞。前者是由于个性不同，后者是由于环境殊异。说话如此，作文亦然。例如贾谊底《陈政事疏》、王安石底《本朝百年无事劄子》，便是"直爽"的文章。一则因为贾谊感文帝之知遇，又值年少气盛；王安石想实行变法，又是一个主观很强的人，故其作风如此。至于李密底《陈情表》，因为不便把不肯臣事二姓的真意痛快地陈说，不得已托辞于祖母年老，婉达不能出山之意，便是一篇"隐曲"的文章。韵文中也有这两种风格。例如《诗经·魏风·伐檀》云："坎坎伐檀兮，置之河之干兮；河水清且涟[①]猗。——不稼不穑，胡取禾三百廛兮？不狩不猎，胡瞻尔庭有悬貆兮？彼君子兮，不素餐兮！"把伐檀的劳动者对于不劳而获的富贵人家不平的心理，直截痛快地说了出来。做君子的是不吃白饭的！骂得何等爽快。六朝时北方民歌，即使是写男女之情的，也用直爽的笔法。例如《地驱歌》云："摩

① 涟 底本作"连"，据《十三经注疏》（P.760）改。

捋郎须，看郎颜色。郎不念女，各自努力！”说得何等斩钉截铁。清初吴伟业送吴汉槎谪戍[1]宁古塔诗，开头便说：“人生千里与万里，黯然销魂别而已！君独何为至于此？山非山兮水非水[2]，生非生兮死非死！”孔尚任《桃花扇·沉江》一出中，史可法唱：“抛下俺无家犬，撇下俺断篷[3]船，归无路去又难前……”不都是泪与血迸的直截的写法吗？可是古人论诗，大多以“温柔敦厚”为旨，抒写感情，多用含蓄之法，如抚素琴，须有弦外之音；如嚼橄榄，须得味外之味，所以古人之诗，终以婉曲者为多。有全以譬喻出之的，如《诗·豳风》之《鸱鸮》。此诗为周公所作；那时周基初奠，武王方崩，成王尚幼，外有武庚复国之变，内有管、蔡流言之讹，他老人家负了一种艰巨的责任，怀着万分痛苦的心情，真有说不出、说不完的苦衷。这首诗，却完全借一只营巢辛苦、鬻子恩勤的老鸟对鸱鸮哓哓瘏口之辞，把风雨飘[4]摇、身心憔悴底苦况，吞吞吐吐地诉说出来，没有一句动气的话，没有一句灰心的话，真是一首抒情的杰作。有全用景物烘托的，如元马致远底《天净沙》小令云：“枯藤老树昏鸦，小桥流水人家，古道西风瘦马。夕阳西下，断肠人在天涯。”前三句完全写景物，而天涯沦落的断肠人底心情，已被烘托出来了。又如北齐名将斛律光底《敕

① 戍　底本作“戌”，据文意改。

② 底本此句在末，据《吴梅村诗集笺注·悲歌行赠吴季子》（P.506）改。

③ 篷　底本作“蓬”，据《桃花扇》（P.159）改。

④ 飘　底本作“漂”，据文意改。

勒川》歌云："敕勒川，阴山下。天如穹庐，笼盖四野。天苍苍，野茫茫。风吹草底见牛羊。"这首歌完全写景物，而单人匹马在万里无垠的沙漠中所引起的独立苍茫之感，与作者粗豪沉郁的个性，都已活跃于纸上。总之，无论是散文、是韵文，是发表意见、是抒写感情，凡以吞吐喷薄的笔法出之的，都有"直爽"的风格；凡以回[①]荡含蓄的笔法出之的，都有"隐曲"的风格。

章句底"整齐"与"错综"，如骈文与散文、律诗与古诗，都可一望而知；因为骈文、律诗是讲究对仗的，散文、古诗是不需要对偶的。但是对偶是句法底整齐，与章法关系较少。只有八股文中有两长股相对偶的，可以说是章法底对偶。骈文、散文、律诗、古诗，所以有截然不同的风格者，因为骈文、律诗（尤其是排律）用的骈句很多的缘故。可是它们底骈骊仍只在句法，并非是篇章上求对偶的。反复也是如此，仅用于句法，而不用于章法。反复者，同一语句，反复用之。如《孟子》记子产使校人放别人馈他的生鱼于池，校人烹之，反命时造了几句入情入理的谎话，子产道："得其所哉！得其所哉！"同一句话，连说两遍，在修辞格中，叫做"反复"。校人既出，向人重述子产之言道："得其所哉！得其所哉！"把这句话又反复[②]了一遍。但反复之法，决不会应用于篇章的。其与篇章有关的，如《孟子·梁惠王》之首

① 回（迴） 底本作"迴"，据文意改。

② 反复 底本作"复反"，据文意改。

章，记孟子答梁惠王之言，首云：“王何必曰利，亦有仁义而已矣。”末又云：“王亦曰仁义而已矣，何必曰利。”首二句与末句反复，似乎和全章有关，但复述的仍只是两句话。求文章整齐的方法，和章与句都有关系的，是“排比”与“层递”。对偶的句法，须两句或四句相对，且对句以避用相同之字为原则；排比则可以有单数的或多数的几排，且排句中故意用相同的字，以显其为排比。例如《论语》：“侍于君子有三愆：言未及之而言，谓之躁；言及之而不言，谓之隐；未见颜色而言，谓之瞽。”是三句为排比①。《管子》：“不为不可成，不求不可得，不处不可久，不行不可复。”是四句为排比。这是排比的句法。层递者，一层层递说过去。例如《孟子》底“天时不如地利，地利不如人和”，《大学》底“物格而后知至，知至而后意诚，意诚而后心正，心正而后身修，身修而后家齐，家齐而后国治，国治而后天下平”，都是层递的句法。排比和层递，都可从句法扩充到章法。例如《周礼·天官冢宰》篇述小宰之职，“以官府之六职辨邦治”一段，以“治职”“教职”“礼职”“政职”“刑职”“事职”六者，做成六排排比的句子，是句法底排比。《周礼》全书，即以“天官”“地官”“春官”“夏官”“秋官”“冬官”分作六编，却是篇法底排比了。《大学》从“明明德”到“致知格物”，由大及小；又从“物格而后知

---

① 排比　底本作“比排”，据下文改。

至”到“国治而后天下平”，由小及大，是句法底层递[①]。全篇也是由格物、致知，层层地论到治国、平天下，便是章法底层递了。章法上用排比、层递的，便有结构严密、条理清晰的“整齐”之美。所以整齐底风格，并不限于骈文、律诗，散文中也有之。反之，不用排比、层递的章法底散文，也另有变化错落的“错综”之美，别成一种风格。

“格”指文章底体制，“律”指文章底法度。“格”谓所宜，“律”戒所忌。顾炎武有《救文格论》，桐城派古文家也最重“义法”，杜甫自谓“老去渐于诗律细”，沈德潜论诗亦最重格律，可见诗文格律之重要。因为要讲究格律，所以一字一句之微，也不肯轻易放过，必须加以推敲。如贾岛吟诗，便因“僧推月下门”句，拟易“推”字为“敲”字而不能决，骑在驴上，作推、敲之势，致冲了京兆尹韩愈底马头；韩愈替他决定改用“敲”字，二人遂成文字之交。以神情论、以声调论，“推”字的确不如“敲”字。范仲淹《严先生祠堂记》末云：“云山苍苍，江水泱泱。先生之德，山高水长。”李觏替他改“德”字为“风”，意思、声调也好得多。这是替别人推敲底例。《竹坡诗话》载杜诗“握节汉臣归”，据晁以道家藏宋子京手钞本，改“握”字为“秃”字。欧阳修作《昼锦堂记》，首二句本云：“仕宦至将相，富贵归故乡。”既

① 层递　底本作“排比”，据文意改。

送去，复着快马追回，加二“而”字，作“仕宦而至将相，富贵而归故乡”，语气便舒徐多了。这是自己推敲底例。杜甫有“新诗改罢自长吟”之句，白居易亦云“旧句时时改”。古人对于诗文格律之谨严，于此可见。但也有疏放的。如李白底律诗，中四句有并不讲究对偶的。例如“此地一为别，孤蓬[①]万里征”“登舟望秋月，空忆谢将军”，简直不像律诗底对句。苏轼应制举时作《刑赏忠厚之至论》，有云：“尧曰宥之三，皋陶曰杀之三。”主试的欧阳修问他出于何书，他以“想当然耳”答之。可见他于格律底不很留意了。作家对于诗文之格律，既有“谨严”和“疏放”二种不同的态度，所以他们底作品，也有“谨严”“疏放”两种不同的风格。我们只须把庄子和荀子底书、李白和杜甫的诗、苏轼和曾巩底古文，对比一下，便可了然。

前面曾说及过，叙记之文，有记静态的，有记动态的，这是内容、题材之动静，不是意境之动静；记静态文，有鸟瞰、类括、凸聚、脔尝四种静[②]的作法，又有步移一种动的作法，这是作者底坐标观点之动静，也不是意境之动静，所以和风格无关。柳宗元诗云：“千山鸟飞绝，万径[③]人踪灭。孤舟蓑笠翁，独钓寒江雪。”山无飞鸟之影，径灭行人之踪，白茫茫地一色的天、水、

① 蓬　底本作“篷”，据《全唐诗》（P.1804）改。

② 静　底本脱，据文意补。

③ 径　底本作“经”，据《全唐诗》（P.3948）改。

山；寒江之上，仅有孤舟，孤舟之上，仅有渔翁，渔翁又在寂坐垂钓，其意境不是静极了吗？至于“独坐幽篁里，弹琴复长啸。深林人不知，明月来相照”，这首五绝中，虽有弹琴、长啸二种发声的动作，但是在幽静深林之中独坐，除明月外，别无人知，意境仍是静的。又如杜甫《同谷歌》中“长镵”一首，写冒雪到山中去掘黄独，空手携镵归来，家中儿女正在呻吟着啼饥号寒，他虽用“四壁静”来衬托儿女底呻吟，却是一个极骚动的意境。《左传》用一句“舟中之指可掬也”的记静态的句子，去写出晋军溃败时中军、下军争舟之骚动的情形，意境也仍旧是动的。所以从文句中去辨认，也有“动荡”与“恬静”二种意境。如就全篇看，也是一样。如李白底《月下独酌》，从“举杯邀明月”到“我歌月徘徊，我舞影零乱”，写得何等热闹动荡。但结果是“醉后各分散”，月去影消，仅存一我。实际上，这首诗底意境仍是静的。反之，如黄淳耀底《李龙眠画罗汉记》、魏学洢底《核舟记》，所记的都是静物。但就其意境而言，则画中渡水罗汉底动态，核舟中苏轼、黄庭坚、佛印、舟子底神情，莫不生动异常，却是动的。更进一层说，则议论文之以翻腾见长者有动荡的意境，以细腻见长者有恬静的意境；抒情文之用奔进法者有动荡的意境，用含蓄法者有恬静的意境。总之，文章风格之动静，不在其题材与作法之不同，须从它们底意境去辨认的。

第二十章○

风格（下）

上章所述，是从文辞、笔法、章句、格律、意境各方面去辨别文章底风格，着眼于文章底具体方面，比较容易领悟。本章当更进而就抽象的方面来说明文章风格了。抽象方面，或从声调上辨别，或从色味上辨别，这二者尚有迹象可寻；或从神态上辨别，或从气象上辨别，则更是抽象了。

文章由字与词组成，故文章底声调，和字音有密切关系。字音有长短，所以有平、上、去、入四声。从前人辨四声，有四句口诀："平声平道莫低昂，上声高呼猛力强，去声分明哀远道，入声短促急收藏。"其实，这四句是望文生义的。平、上、去、入，只从四声中随便举这四字以为四声之名而已。故周颙答梁武帝问何谓四声，说"天子圣哲"，因为这四字也恰是平、上、去、入四声。同一意义的字，或是最长的平声，或是最短的入声，如"芳"和"馥"，便可斟酌文句底声调，分别采用。又如"芳"和"芬"，也同是香的意思，而且同是平声，但是“芳”字声扬，“芬”字声抑，选用时也当加以甄择。此外又有清、浊之分，如“同”属浊，“东”“通”属清（读南音，则“同”属“戛”类，以“东”为清音；读北音，则“同”属“透”类，以“通”为清音。详见《文字学纂要》)。而意义相近的“公”和“共”，也有清、浊之别。又有宏、细之分，如“当”属宏音，“丁”属细音（文言文中，如“丁年”。有时“丁”字可作“当”字用，“第”字亦可作“但”字用；“第”细音，“但”宏音）。这些例，但就单字底音说，至于就全篇文章底声调辨风格，则仅有二组分别：一为“曼声”与“促节”，一为“宏壮”与“纤细”。曼声与促节，譬如平剧底慢板与快板，是声调缓、急之分；宏壮与纤细，譬如平剧中有大面、旦角，是声调大小、强弱之别。如韩愈底《再与鄂州柳中丞书》，它底声调是促节的、宏壮的；归有光底《项脊轩志》，它底声调是曼声的、纤细的。又如欧阳修底《丰乐亭记》、苏轼底《赤壁赋》，各有一段就古迹发感慨的文章，而其声调，则虽同为曼声，而有纤细与宏壮之分，故前者以韵调攸扬见长，后者以声势雄伟见长。又如辛弃疾底《贺新郎》词（“绿树听啼鴂”一首），开头便连用三种啼鸟声，以后又连用许多故事，累累堆堆地，倒豆儿般，把郁积在胸中的国难家忧、离愁别恨，语无伦次地倾吐出来。柳永底《雨淋铃》词（“寒蝉凄切”一首），则哽哽咽咽地，用绵绵絮絮之辞，琐琐屑屑地细诉儿女泣别之情。这两首词的声调都是促节。可是辛词是宏壮的，恰如白居易《琵琶行》所谓“大弦嘈嘈如急雨”“大珠小珠落玉盘”；柳词是纤细的，恰如白氏所谓“小弦切切如私语”“幽咽泉流冰下滩”。所以声调上“曼声”“促节”与“宏壮”“纤细”之分别，常常是交错地织成各种不同的风格的。

色有浓淡之分，味也有浓淡之分，故从文章底色味辨风格，常有“浓厚”与“平淡”之分。色之浓者如紫红和墨绿，淡者如粉红和湖色；味之浓者如咖啡，淡者如雨前茶；色之极淡者如白，味之极淡者如水。诗文也有它们底色和味，它们底色味也各有其浓与淡。诗文之色底浓淡，分辨较易。凡是注意于积极的修辞技巧的，多用辞藻的，其色彩便浓；凡是注意于消极的修辞方法，少用辞藻的，其色彩必淡。故骈文、律诗，色彩较浓；散文、绝诗、古诗，色彩较淡。例如不径说相思下泪，而云“春蚕到死丝方尽，蜡炬成灰泪始干”；不径说闲愁万种，而云“恰似一江春水向东流”“一川衰草，满城飞絮，梅子黄时雨”：都是使色彩加浓的作法。诗词未必都是色彩浓的，如“松下问童子，言师采药去。只在此山中，云深不知处”，便是一首色彩极淡的、完全白描的诗。色是外露的，味是内在的，所以辨味较辨色难，而且色浓者味未必浓，色淡者味未必淡。那些堆砌词藻的诗文，以色论，几乎红得发紫发黑的，以味论，有时竟同嚼蜡。而完全白描的诗文，却有味外之味，如倒啖甘蔗，如细嚼橄榄。白居易有首五言小诗：

“绿蚁新醅酒，红泥小火炉。晚来天欲雪，能饮一杯无。”前二句，色虽浓而无味；后二句，色虽淡而味永。可见色与味底浓淡，并不是一致的。诗文之味，浓淡之外，尚有尖夵。尖者味鲜，夵者味厚。如鱼，如笋，此味之尖者；如肉，如菜，此味之夵者。评诗者说唐诗浑厚，宋诗尖新；推而广之，如词之与曲，正统派古文之与晚明小品文，其风格之不同，都在其味有尖夵之别。其实，诗文之味，不但有所谓浓淡和尖夵，甜、苦、酸、辣，各种都有。味之或甜或苦，固然和题材有密切关系，而酸涩或辛辣，则大部分视作者底个性、环境而异。酸涩之味，如《儿女英雄传》，如《秋水轩尺牍》，都带有几分；辛辣之味，殊不可多得，《韩非》庶几近之。

文章神态底不同，大都基于作者底个性。个性近于高明一路的，其见解多超脱，其态度多轻松，其丰神多潇[①]洒而倜傥；个性近于沉潜一路的，其见解多沉着，其态度多严肃，其丰神多庄重而沉郁。李白和杜甫，是这二派底很显著的代表。李白所以有“诗仙”之称，便因他底诗有飘飘欲仙的轻松俊逸的神态；杜甫所以有“诗圣”之称，便因为他底诗有悲天悯人的严肃沉郁的神态。《孟子》之文，近于后一派；《庄子》之文，近于前一派。从前论文者，往往把后一派认为是诗文正宗。但前一派风格轻松的文章，

① 潇　底本作“满”，据文意改。

也尽有隽永之作。如《世说新语》一书，谁都是短短一条条的笔记，而其轻松的神态，如哀家之梨，使读者有沁入心脾之妙。现代所谓[1]幽默派底文章，便是以轻松的风格见长的。但是轻松者极易流于佻佻；必须于轻松的态度之下，隐藏着严肃的心情，方为可贵。晚明小品文中，颇不乏此类佳作，如张岱底《陶庵梦忆自序》，便是一篇很好的例。

最后，要说到最抽象的从文章气象上辨别风格了。姚鼐尝提出“阳刚”“阴柔”二种名词来代表两种气象不同的风格，其说见于《复鲁絜非书》，兹摘录如左：

> 鼐闻天地之道，阴阳、刚柔而已。文者，天地之精英，而阴阳、刚柔之发也。惟圣人之言，能统二气之会而弗偏……自诸子而降，其为文无弗有偏者。其得于阳与刚之美者，则其文如霆，如电，如长风之出谷，如崇山峻崖，如决大川，如奔骐骥；其光也，如杲日，如火，如金镠铁；其于人也，如凭高视远，如君而朝万众，如鼓万勇士而战之。其得于阴与柔之美者，则其文如升初日，如清风，如云，如霞，如烟，如幽林曲涧，如沦，如漾，如珠玉之辉，如鸿鹄之鸣而入于廖廓；其于人也，漻乎其如叹，邈乎其如有所思，暖

① 谓　底本作“设”，据文意改。

乎其如喜，愀乎其如悲。观其文，讽其音，则为文者之性情、形状，举以[1]殊焉。

姚氏用许多譬喻来说明阳刚、阴柔二种气象之不同，正因为它们太抽象了，故竭力求其具体化，使人易于领悟。其实，不但诗文，各种事物，都有这两种气象。如日，如夏日之日，如晴明的天气，如高山峻岭，如浩浩荡荡的江河，有热烈雄壮的气象的，都可以说是属于“阳刚”。如月，如冬日之日，如阴霾的天气，如幽林曲涧，如波平似镜的西湖，有清冷优美的气象的，都可以说是属于“阴柔”。譬之音乐，则锣声、钟声属阳刚，箫[2]声、琴声属阴柔。譬之书法，则魏碑、颜帖为阳刚，《黄庭经》《灵飞经》诸帖属阴柔。推而至于文，则韩愈、王安石之古文，得阳刚之美；欧阳修、归有光之古文，得阴柔之美。其于词，则李后主等之以婉约见长者得阴柔之美，辛弃疾等之以豪放见长者得阳刚之美。曾国藩《求阙斋日记》有云：“阳刚者气势浩瀚，阴柔者韵味深美；浩瀚者喷薄而出之，深美者吞吐而出之。”这几句话颇能显示阳刚、阴柔二类气象之不同。他又选了一部《古文四象》，把阳刚分做“太阳”“少阳”，阴柔分做“太阴”“少阴”。他以“气势”属太阳，又分“喷薄之势”“跌荡之势”二种；以“趣味”属少阳，又分

① 以　底本作“有”，据下文改。
② 箫　底本作“萧”，据文意改。

“恢诡之趣”“闲[1]适之趣”二种；以“识度”属太阴，又分“闳括之度”“含蓄之度”二种；以“情韵”属少阴，又分“沉雄之韵”“凄恻之韵”二种。古文家简直把文章底阳刚、阴柔看做太极底两仪，所以“两仪生四象，四象生八卦”，从二类递分至八类，这又带些神秘底意味了。曾氏之后，竟有分至二十余类的，表面上是愈分愈仔细，实际上却是愈分愈糊涂；不如姚氏之仅分二类，妥当明白多了。曾氏又就他所编的《经史百家杂钞》底十一类文体，指明何体宜阳刚，何体宜阴柔：“论著类、词赋类宜喷薄，序跋类宜吞吐；奏议类、哀祭类宜喷薄，诏令类、书牍类宜吞吐；传志类、叙记类宜喷薄，典志类宜吞吐。”大体固是如此，但也不可一概而论。例如哀祭类底《祭十二郎文》（韩愈），传志类底《泷冈阡表》（欧阳修），奏议类底《陈情表》（李密），何尝不是吞吐而出之的文章？文章气象之所以有阳刚、阴柔，大部分基于作者底个性。反之，从文章风格阳刚、阴柔二种不同的气象，也可窥测作者底个性。故姚氏云：“观其文，讽其音，则为文者之性情、形状，举以殊焉。”《孟子》尝谓：“孔子不得中道而与之，必也狂狷乎。狂者进取，狷者有所不为也。”（见“在陈”章）不可必得的“中道”，方能“统二气之会而勿偏”；发为文章，方能兼阴阳、刚柔之长。其次，则个性近于进取之“狂”的，其为文往

① 闲（閒） 底本作“间（間）”，据文意改。

往偏于阳刚；个性近于有所不为之“狷”的，其为文往往偏于阴柔。过于阳则流于躁，过于刚则流于愎；过于阴则流[1]于险，过于柔则流于懦；个性如此，文章也如此。不但个人，其个性有毗刚、毗柔、毗阳、毗阴之不同，地方性也是如此。以我国全国而论，北方人往往偏于阳刚，南方人往往偏于阴柔；以我们浙江省论，浙东嵊县、天台一带的人往往偏于阳刚，浙西吴兴、嘉兴一带的人往往偏于阴柔。文章，虽然可以因作者底学力、修养变化气质，矫饰个性，但作者底个性与地方性终常于无意中在作品里流露出来，所以每一个作者各有他底特殊的气象与风格。故曾氏尝谓庄周、扬雄、韩愈之文得阳刚之美，司马迁、刘向、欧阳修、曾巩之文得阴柔之美。但这也是就大体说；如就他们底作品，逐一细加辨认，则例外亦正不少。如《庄子》底《刻意》《缮性》二篇、扬雄底《太玄》、韩愈底《祭十二郎文》……何尝不具阴柔之美？司马迁《史记》中的《项羽本纪》《魏公子传》，何尝不具阳刚之美？至于刘向、曾巩之目录序，那是整理古籍、有关学术的文章，自然是心平气静的居多。

文章底气象，不但有“阳刚”“阴柔”之分，还有“正大”“精巧”之别，这是自来论文者所未提及的。有些文章，显示着高瞻远瞩、堂皇阔大的局度，便有正大的气象；有些文章，显

① 流　底本作“留”，据上文改。

示着遒劲精悍、小巧玲珑的局度，便有精巧的气象。它们和阳刚、阴柔不同。因为阳刚者固然是气象正大者居多，阴柔之文气象正大的自亦不少。反之，精巧之文，有遒劲精悍的气象者，则属于阳刚；有小巧玲珑的气象者，则属于阴柔。所以阳刚与正大、精巧与阴柔，是交错的，而不是完全一致的或互相排拒的两类四种底风格。

总上面二章所说，虽未能尽括文章底风格，但其大致已可概见。文辞之“繁缛”与“简约”，笔法之“隐曲”与“直爽”，章句之“整齐”与“错综”，格律之“谨严”与“疏放”，意境之“动荡”与“恬静”，前章所述，是从具体方面辨别的。至于以声调论，则有“曼声”与“促节”，“宏壮”与“纤细”；以色味论，则有“浓厚”与“平淡”；以神态论，则有“严肃”与“轻松”；以气象论，则有“阳刚”与“阴柔”、“正大”与“精巧”；如本章所述，是从抽象方面辨别的。这虽不是文体，而亦与文体论有关，故附论及之。

结论

本书纂述文体论底大要，原供初学中国文学者之参阅，故卑之无甚高论。综其内容，约可分为三部。第一部评述以前各派底文体分类，先述旧派，后述新派。旧派中又有三种派别：一是骈文派，以《昭明文选》为其代表；二是骈散兼宗派，以《文心雕龙》及近人章炳麟底《文学总略》为其代表；三是散文派，以姚铉底《唐文粹》及清人姚鼐底《古文辞类纂》、曾国藩底《经史百家杂钞》为其代表。旧派底分类比较繁复，新派底分类比较简单；且二派所分之类，亦截然不同。其实，新、旧二派所分之类之所以不同，全由其所采分类底标准之异。旧派以文章底程式与用途为其分类之标准，新派则以文章底作法与心象为其分类底标准。所采分类之标准既不同，则其所分之类，自难比较评论其优劣。故本书自第一章至第五章，评述各派底文体分类，系就旧派底骈文、散文、骈散兼宗三派，及清末至现代各新派，分别评述，不加比较，无所轩轾。但以文体论底性质言，则文体分类，与其以作法、心象为标准，无宁以程式、用途为标准。不过诸旧派底分类，未能一律以所定的标准为中心，以致参差错杂而已。第二部，自第六章至第十八章，作文体分类底新尝试，再就所分之类，逐一加以说明。我底分类标准，既仍采旧派底主张，注意于文章底程式与用途，则所分之类，自亦与旧派接近。我以为无句读、无组织的文字，不能算作文章。文章必须组成章句，方足以表情达意、叙事传人、论理说事的；这是广义的文章。狭义的文章则与文学当平列为二大部。前者可分著述、告语、记载三门，又酌分为十六类；后者可分籀写的、咏歌的、记述的、表演的四类：共计二十类，各类中间有附庸。并于分说各类时，略述其特征、源流、作法等。这十三章当然是本书中最重要的部分。第三部，由文体推论及于文章底风格。从前古文家论文，往往仅着眼于文章气象之阴阳刚柔，且多抽象玄虚之论。本书则分具体方面、抽象方面，论及文辞繁简、笔法曲直、意境动静、色味浓淡以及章句之整齐错综、格律之谨严疏放、声调之缓急宏细；即就气象而论，阳刚、阴柔之外，尚有所谓正大、精巧之分。此在本书，已为余论，故于末二章及之。

评述前人文体分类，已非易事，加以见闻狭隘，即有所评，非拾人牙慧，即自逞臆见，纰漏在所难免。至于文体之重新分类，更是一种冒昧的尝试；分说各类文体诸章，大致都有所本，间下己见，亦未敢遽诩为定论。风格之论，更属抽象；我所以不采古人神气之说，亦无非想力求具体而已。总之，这本《文体论纂要》，是述，不是作；如承读者加以指正，诚所欣盼！至于骈文散文、有韵无韵、语体文言之分，本可一望而知，且与文体论无甚关系，《文章学纂要》中亦已述及，故不复赘。

本次整理征引文献

阮元校刻:《十三经注疏》，中华书局 2009 年版。

朱熹:《四书章句集注》，中华书局 1983 年版。

司马迁著，裴骃集解，司马贞索隐，张守节正义:《史记》，中华书局 1982 年版。

班固著，颜师古注:《汉书》，中华书局 1962 年版。

范晔著，李贤等注:《后汉书》，中华书局 1965 年版。

李延寿:《南史》，中华书局 1975 年版。

脱脱等:《宋史》，中华书局 1985 年版。

司马光编著，胡三省音注:《资治通鉴》，中华书局 1956 年版。

徐元诰集解，王树民、沈长云点校:《国语集解》，中华书局 2002 年版。

章学诚著，叶瑛校注，靳斯点校:《校雠通义校注》,《文史通义校注》，中华书局 1985 年版。

王先谦集解，沈啸寰点校：《庄子集解》，中华书局 1987 年版。

杨伯峻集释：《列子集释》，中华书局 1979 年版。

吕不韦编，许维遹集释：《吕氏春秋集释》，中华书局 2009 年版。

《孔子家语》，《四部丛刊》景江南图书馆藏明覆宋刊本，“雕龙中日古籍全文资料库”。

刘安编，何宁集释：《淮南子集释》，中华书局 1998 年版。

萧绎著，许逸民校笺：《金楼子校笺》，中华书局 2011 年版。

胡应麟：《少室山房笔丛》，上海书店出版社 2009 年版。

顾炎武著，黄汝成集释：《日知录集释》，中华书局 2020 年版。

高彦休著，阳羡生点校：《唐阙史》，《大唐新语（外五种）》，上海古籍出版社 2012 年版。

岳珂、王铚著，黄益元、孔一点校：《桯史　默记》，上海古籍出版社 2012 年版。

王应麟著，张骁飞点校：《词学指南》，《四明文献集（外二种）》，《王应麟著作集成》，中华书局 2010 年版。

纪昀等著，四库全书研究所整理：《钦定四库全书总目》，中华书局 1997 年版。

陆机著，刘运好校注:《陆士衡文集校注》，凤凰出版社 2007 年版。

韩愈著，刘真伦、岳珍校注:《韩愈文集汇校笺注》，中华书局 2010 年版。

欧阳修著，李逸安点校:《欧阳修全集》，中华书局 2001 年版。

吴伟业著，程穆衡笺，杨学沆补注，张耕点校:《吴梅村诗集笺注》，中华书局 2020 年版。

顾炎武著，华忱之点校:《顾亭林诗文集》，中华书局 1983 年版。

阮元著，邓经元点校:《揅经室集》，中华书局 1993 年版。

严可均编:《全上古三代秦汉三国六朝文》，中华书局 1958 年版。

萧统编，李善注:《文选》，上海古籍出版社 1986 年版。

徐师曾编:《文体明辨》，明万历间建阳游榕铜活字印本，“雕龙中日古籍全文资料库”。

姚鼐编，吴孟复、蒋立甫主编:《古文辞类纂评注》，安徽教育出版社 2004 年版。

曾国藩编，熊宪光、蓝锡麟等注:《经史百家杂钞今注》，上海书店出版社 2015 年版。

董诰等编:《全唐文》，中华书局 1983 年版。

姚铉编:《唐文粹》,元翻宋小字本,“雕龙中日古籍全文资料库”。

项楚选注:《敦煌变文选注》,中华书局 2006 年版。

冯惟讷编:《古诗纪》,明万历间刻本,“雕龙中日古籍全文资料库”。

彭定求等编:《全唐诗》,中华书局 1960 年版。

隋树森编:《全元散曲》,中华书局 1964 年版。

周德清著,张玉来、耿军校:《中原音韵校本》,中华书局 2013 年版。

施耐庵、罗贯中著,金圣叹、李卓吾点评:《水浒传》,中华书局 2009 年版。

冯梦龙编:《喻世明言》,中华书局 2009 年版。

孔尚任著,云亭山人点评:《桃花扇》,上海古籍出版社 2016 年版。

刘勰著,范文澜注:《文心雕龙注》,人民文学出版社 1958 年版。

司空图、袁枚著,郭绍虞集解、辑注:《诗品集解　续诗品注》,人民文学出版社 1963 年版。

陈骙著,刘彦成注译:《文则注译》,书目文献出版社 1988 年版。

刘大櫆、吴德旋、林纾著,范先渊点校:《论文偶记　初月楼

古文绪论　春觉斋论文》，人民文学出版社 1959 年版。

龙志泽:《文字发凡》，广智书局 1905 年版。

高语罕:《国文作法》，亚东图书馆 1930 年版。

施畸:《中国文体论》，北平立达书局 1933 年版。

章绛:《文学论略》,《国粹学报》1906 年第 9—11 期。